RÉPONSE

Pour M. Victor-Henri **LELAIDIER**, banquier à Valognes, demandeur, — Me **CAMPAIN** Avoué,

A L'ÉCRIT

Signifié, le 8 février 1860, par M. Albéric DAVID DU MUTEL, Négociant au Havre, défendeur, — Me FRILLEY Avoué.

I. On devait s'attendre, en lisant les premières lignes de cet écrit, que son auteur se renfermerait dans les limites d'une défense mesurée et légitime; qu'il s'abstiendrait de toute personnalité offensante, de toute supposition dans les faits, de toute allégation dénuée de preuves et de vraisemblance, de toute imputation ou insinuation injurieuse et calomnieuse pour son adversaire, qu'il s'abstiendrait aussi de toute attaque personnelle contre des tiers qui ne peuvent pas se défendre.

Mais l'adversaire n'a pas tardé à démentir ce programme, qui sert comme de prélude à son écrit ; il s'est livré, sans retenue, à une foule d'allégations ou suppositions diffamatoires, injurieuses, et pour M. V^{or} Lelaidier et pour M. Gisles, son beau-père.

Ces écarts sont d'autant moins excusables que leur auteur ne pouvait ignorer la fausseté de ces insinuations malveillantes, et qu'il connaît particulièrement les personnes auxquelles elles s'adressent ; que pendant long-temps il a rendu hommage à leur probité, à leur caractère droit et loyal, et courtisé leur bienveillance.

Qu'on ne vienne pas dire que M. Victor Lelaidier ait donné l'exemple et fourni un prétexte à des réflexions calomnieuses et étrangères à la cause ; il s'est plaint, il en a bien le droit, de ce que son vendeur emploie les plus mauvais moyens pour le dépouiller d'objets qu'il lui a vendus, dont lui, acquéreur légitime, a bien soldé le prix.

Quel est celui qui ne se plaindrait pas, s'il était ou pouvait être victime d'un stellionat ?

On devrait au moins épargner les insultes à celui que l'on dépouille.

Au lieu d'observer la réserve qu'il avait feint de s'imposer, M. Albéric David du Mutel débute par une réflexion sur la moralité de la cause ; à la suite d'une ouverture de crédit, il aurait vu, dit-il, s'engloutir tout le patrimoine de son père, la dot et presque toute la fortune immobilière de sa mère, et une portion notable de la fortune de son oncle, M. Charles du Mutel.

N'est-ce pas dire en termes clairs, lorsque cette réflexion se produit *au point de vue de la moralité seulement*, que c'est l'ouverture de crédit qui a englouti la fortune de toute la famille du Mutel ? Que cette fortune est passée dans la caisse du banquier ?

C'est ce qu'on ne peut nier et qu'on ne niera pas sans doute, quel que soit le léger voile dont on a cherché à couvrir l'expression de sa pensée.

Eh bien ! c'est là une pure calomnie ; c'est quelque chose de plus, c'est de l'ingratitude, et M. V^er Lelaidier se doit à lui-même de démontrer encore une fois combien elle est imméritée, combien il est injuste de reproduire des attaques que le tribunal a déjà jugées et condamnées.

Pour cela, il est obligé de rappeler les relations d'affaires qui se sont établies entre lui et M. Jean-Elzéar David du Mutel, et de répéter des faits qui sont consignés sur le procès-verbal de l'ordre ouvert sur

M. David du Mutel, à la date du 15 septembre 1850, et consacrés par un jugement du 17 mai 1851.

II. M. Elzéar David du Mutel, ami de collége de MM. Lelaidier frères, réclama de leur maison de banque des fonds destinés, disait-il, à acquitter quelques dettes et à racheter, autour du château de Saint-Marcouf, des terres qui en avaient été détachées.

MM. Lelaidier y consentirent et lui versèrent, à mesure de ses besoins, des sommes importantes qui, le 22 juin 1836, s'élevaient à 72,500 fr.

Voulant reconstituer la fortune de ses ancètres, M. David du Mutel avait tenté les chances et les hasards du commerce. Il était devenu l'associé de la maison T. DE LIGNEROLLE et Cie, Marchands de soieries à Paris. Cette association ne fut pas prospère, et c'est dans cette association (il aurait dû le reconnaître) que *se sont engloutis les capitaux* trop facilement versés par la maison Lelaidier frères.

Du mois de juin 1836 au mois de janvier 1839, des remises importantes lui furent faites, et, à cette dernière époque, le compte se balançait à son débit par 156,122 fr. 84 c.

MM. Lelaidier s'émurent de cette situation et demandèrent des garanties réelles à leur débiteur, car jusque-là ils s'en étaient rapportés à sa loyauté et à sa garantie personnelle. MM. Lelaidier frères consentirent à continuer le crédit jusqu'à concurrence de 200,000 fr., et pour garantie de ce crédit, M. Elzéar David du Mutel, conjointement avec son épouse, représentée par un mandataire, hypothéqua les immeubles qu'il possédait dans les communes de Saint-Marcouf-de-l'Isle et de Grenneville, petite commune réunie à celle de Crasville. Au nombre des biens hypothéqués, étaient LA MOITIÉ DU CHATEAU DE GRENNEVILLE......... ET LES AVENUES, *la petite ferme de la Cour*, objets dont la propriété lui est déniée dans les écrits qui se produisent sous son inspiration.

L'acte renfermant ces stipulations fut reçu par Me Sanson, notaire à Valognes, le 28 janvier 1839, et l'inscription fut requise le lendemain

29. — La procuration donnée par M. et Mme du Mutel, devant un notaire de Paris, à l'effet de stipuler cette ouverture de crédit, contenait pouvoir d'hypothéquer les mêmes biens, spécialement désignés.

Cependant le débit de M. David du Mutel grossissait sans cesse.

Il résulte des comptes adressés par MM. Lelaidier à M. David du Mutel, qu'au mois de janvier 1842, ce débit était de 225,709 fr. 11 c. ; qu'au mois de juin suivant il était réduit à 153,334 fr. 62 c., au moyen de remises faites sur Paris et qui plus tard revinrent impayées pour la plupart.

Le 28 juin 1842, M. David du Mutel écrivait en ces termes à M. Lelaidier :

« J'ai reçu le compte que tu m'as adressé ; IL EST PARFAITEMENT « EXACT. TU PEUX COMPTER QUE C'EST LE DERNIER QUE JE RECEVRAI. *Avant* » *la fin de l'année,* TU RECEVRAS AU MOINS 100,000 FR., JE T'EN DONNE » MA PAROLE, *soit en argent, soit en valeurs à courte échéance. Le surplus* » *ne se fera pas attendre.* COMPTE SUR MA PAROLE............ »

Non-seulement les 100,000 fr. ne furent pas remis, mais plus de 20,000 fr. d'effets revinrent impayés à MM. Lelaidier, qui furent contraints de les rembourser.

Le 30 novembre 1842, le débit du compte fut arrêté à la somme de 181,298 fr. 57 c., et reconnu par M. E. David du Mutel exact dans toutes ses parties.

Le délai fixé par l'acte d'ouverture de crédit était expiré depuis le 30 mai 1842 ; néanmoins, MM. Lelaidier voulurent bien donner le temps à leur débiteur de se libérer. Ils ne lui épargnèrent ni les remontrances ni les sages conseils, ils l'engagèrent à liquider une position difficile, et ils lui proposèrent de prolonger le crédit, mais sous la condition d'une nouvelle garantie hypothécaire ; ils étaient loin alors de soupçonner l'insolvabilité de leur débiteur ; ils étaient loin de penser que cette fortune immobilière, en apparence si considérable, était presque absorbée par des dettes hypothécaires anciennes et nouvelles, qui étaient antérieures à leur créance, comme nous le verrons bientôt.

Le 18 novembre 1843, M. David du Mutel écrivait à M. Lelaidier :

« *J'accepte avec reconnaissance la proposition que tu me fais, et puisque*
» *tu y mets tant d'obligeance*, je te demanderai de prolonger le délai *que*
» *tu me donnes jusqu'au* 1ᵉʳ *février* 1846, ÉPOQUE OU JE RECEVRAI LES
» FONDS QUE TU CONNAIS.

» Ce sera une époque décisive pour moi. Ou je pourrai rembourser
» facilement mes prêteurs, *ou je serai forcé de vendre* LA MOITIÉ *de ma*
» *propriété de Saint-Marcouf.* Je puis t'assurer qu'à moins d'événements
» qui me feraient perdre mes fonds placés, *la vente n'ira pas au-delà.* Je
» ferai tout mon possible pour que ta créance n'augmente pas.

» Je suis ton tout dévoué.

» E. DU MUTEL. »

L'ouverture de crédit fut en effet, suivant les désirs de M. E. du
Mutel, renouvelée et prolongée. L'acte contenant ces conventions
fut reçu par Mᵉ Sanson, notaire à Valognes, le 31 décembre 1843, et il
renferme la même affectation hypothécaire que celui du 28 janvier 1839.
L'acte ainsi que l'inscription, qui fut requise le 2 janvier 1844, désignent
nominativement LA MOITIÉ DU CHATEAU DE GRENNEVILLE, LA PETITE
FERME DE LA COUR, LES AVENUES.

Ce nouveau crédit ne tarda pas à être dépassé; le débit de M. E. du
Mutel s'élevait, au 30 juin 1844, à 203,349 fr. 32 c.

M. Vᵒʳ Lelaidier, qui avait succédé à la maison Lelaidier frères, fit
des reproches à M. Elzéar David du Mutel, par la lettre contenant l'envoi
de ce compte.

Ce dernier répondit le 30 juillet 1844 :

« Mon cher Lelaidier,

« Je regrette bien que mon compte *dépasse le crédit que je t'ai donné*,
» mais il m'est impossible maintenant de rétablir l'égalité. *Aussitôt que*
» *les bons qui sont à payer seront acquittés*, JE LE FERAI FACILEMENT :

« c'est encore un peu de temps à passer ; un peu de patience et tout se
» passera bien.

» Je t'envoie un bon de 1,000 fr. à compte sur la traite de
» M. DE LIGNEROLLE payable demain ; *Je te remettrai le surplus bientôt.*

        » Signé : E. DU MUTEL. »

Le mois de janvier 1845, M. V^{or} Lelaidier adresse à M. du Mutel son
compte balançant à son débit par 209,058 fr. 02, valeur au 31 décembre
1854.

» M. du Mutel accuse, le 23 du même mois, réception du compte et
de la lettre d'envoi. Puis il ajoute :

« Après la Chandeleur, je t'enverrai pour 4,500 fr. d'effets qui, ajoutés
» aux 4,500 fr. que je t'ai adressés depuis le 27 décembre dernier, me
» remettront au pair (c'est-à-dire au chiffre de 200,000 fr.).

» *Veux-tu me faire le plaisir de m'envoyer 1,200 fr. par Poignant. Tu*
» *me ferais plaisir car j'en ai besoin.*

        Signé : E. DU MUTEL.

Le 8 février suivant, il écrivait à M. Victor Lelaidier, qui se plaignait
de ce que le crédit était dépassé :

« Je t'enverrai lundi prochain des bons pour acquitter *la somme qui*
» *dépasse nos conventions.*

» P.-S. — Sois bien persuadé qu'il n'y a pas de ma faute, si je suis
» en retard.

        » Signé : E. DU MUTEL. »

III. A l'aide de ces promesses décevantes, M. E. du Mutel parvenait
sans cesse à obtenir de nouveaux fonds de son créancier trop confiant.

La caisse de M. Victor Lelaidier lui était toujours ouverte avec un
laisser-aller qui ne peut s'expliquer que par l'amitié qui avait existé
entre eux, et par une foi trop crédule dans les assurances du débiteur.
Domestiques, tailleurs, marchands de vins, traiteurs, percepteurs, tous
étaient renvoyés au comptoir de M. Victor Lelaidier, qui, par égard pour

Elzéar du Mutel, voulait faire honneur à sa signature. Et il est digne de remarque que ce dernier ne lui faisait entrevoir la fin d'une liquidation, et ne lui donnait l'assurance d'un prochain remboursement, que pour obtenir de nouvelles avances de fonds.

Au 31 décembre 1845, époque voisine de l'expiration du crédit ouvert en 1843, le débit de M. Elzéar du Mutel était de 195,649 fr. 32. Au mois de juin 1846, il était de 205,182 fr. 60, c'est-à-dire qu'au lieu d'être réduit, il était encore dépassé.

Nouvelles plaintes, nouvelles observations de la part de M. Victor Lelaidier.

Cependant M. du Mutel, menacé de poursuites par un créancier considérable, M. de Villey, sollicita encore son ami de lui venir en aide.

« Mon cher Lelaidier, disait-il dans une lettre du 3 octobre 1846,
» François Dufour me remet 1,850 fr. sur son effet de 2,000 francs ;
» je m'empresse de te les envoyer. *Le surplus sera remis au premier jour.*

« Le temps est arrivé d'envoyer les intérêts à M. de Villey (2,500 fr.)
» Je ne puis te remettre pour le moment *qu'un bon de 1,500 fr. Veux-*
» *tu me faire le plaisir de les lui envoyer de suite, tu m'obligeras beaucoup.*

» Aussitôt ta réponse, je t'enverrai le bon ; je pourrai plus tard y en
» ajouter un autre de François Dufour.

» ENCORE UN PEU DE PATIENCE ET D'OBLIGEANCE, *et tu verras la fin de*
» *tout cela, mais j'ai besoin de quelques mois encore, peut-être jusqu'à la fin*
» *de l'été prochain.* »

La réponse de M. V^{or} Lelaidier ne fut pas entièrement favorable. Il hésitait à faire de nouvelles avances.

Pour le décider, M. du Mutel lui écrivit de nouveau le 7 octobre.

« Mon cher Lelaidier,

« Tu crois bien que ta réponse me met dans une gêne complète ; car
» *M. de Villey est un homme qui ne m'accorde que des délais très-courts.*

» *Un retard dans le paiement de ses intérêts va me causer un tort infini.*
» JE SAIS QUE TU AS FAIT POUR MOI PLUS QUE POUR QUI QUE CE SOIT; mais
» tu dois bien penser que, dans mes intérêts, je dois m'occuper comme
» je le fais de vendre pour payer mes dettes; mais il faut que je com-
» mence par la terre des Rosiers. »

Et M. V⁰ʳ Lelaidier, confiant dans ces vaines promesses, lui promet
de payer cette dette; et, en effet, le 22 octobre il adressa les fonds à
M. de Villey, chez Mᵉ Daufresne, notaire à Caen, ainsi que M. du Mutel
le lui avait recommandé dans sa lettre du 17 octobre, dont nous trans-
crivons les termes :

« JE TE REMERCIE DE NOUVEAU, *sois persuadé* QUE JE VAIS FAIRE TOUT
» MON POSSIBLE POUR SUIVRE TES CONSEIS. Je te prie d'envoyer l'argent à
» M. de Villey, chez Mᵉ Daufresne. . . . . »

Continuous :

Le 16 janvier 1848, M. V⁰ʳ Lelaidier adresse à M. du Mutel son
compte, balançant au débit de ce dernier par 229,245 fr. 24.

Le 5 février suivant, M. du Mutel lui répond ;

» Je reçois à l'instant ta lettre avec le compte qu'elle contient. . . . .

» Je vais demander de suite à l'acquéreur de la terre des Rosiers de me
» verser comptant une somme de 30,000 fr. que je déposerai à Paris,
» chez un des banquiers. Si les choses ne pouvaient aller suivant tes dé-
» sirs, je t'en informerais de suite; tu ferais alors ce que tu croirais utile
» à tes intérêts. TA CRÉANCE EST TROP LÉGITIME, POUR AVOIR MÊME L'IDÉE
» DE VOULOIR FAIRE LA MOINDRE CHOSE QUI FUT CONTRE TES INTENTIONS.
» Quoiqu'il arrive, je n'en persévérerai pas moins dans les idées que je
» t'ai exprimées hier, si toutefois cela est possible.

» E. DU MUTEL. »

IV. Sur ces entrefaites éclata la révolution de février 1848. On sait
quelle perturbation cet événement jeta dans les relations commerciales.

La plupart des maisons de banque furent fermées. La maison Lelaidier ressentit le contre-coup de cette révolution inattendue. Une véritable panique s'empara de tous ceux qui avaient fait des dépôts dans cette Maison. Tous, ou presque tous à la fois voulurent retirer leurs fonds. On comprend que, malgré un excédant d'actif considérable, le banquier ne pouvait pas avoir dans sa caisse le montant de tous les dépôts qui lui avaient été faits. Cependant, à l'aide de sages mesures et sans gêner ses nombreux débiteurs, M. V^{or} Lelaidier sut faire tête à l'orage, et surmonter les difficultés de la situation. Il aurait pu et dû, dès-lors, forcer M. E. du Mutel à exécuter ses engagements, à vendre ses propriétés. Il ne le fit pas. Il se contenta, le 7 avril, de demander à M. du Mutel une ·obligation de la somme excédant le crédit de 200,000 fr. De là l'obligation de 50,000 fr. souscrite, le 7 avril 1849, payable à six mois, par acte passé devant Me Sanson, notaire; à la sûreté de cette nouvelle dette, M. E. du Mutel hypothèque de nouveau ses immeubles, notamment *ceux situés à Grenneville, consistant en la* MOITIÉ DU CHATEAU DE GRENNEVILLE, *en la petite ferme de la Cour*..... le tout *composé de maisons d'habitation et d'exploitation, cours, jardins*..... AVENUE.

Il fallait bien enfin que M. E. du Mutel se décidât à prendre le parti que tant de fois M. V^{or} Lelaidier lui avait conseillé, alors que les circonstances étaient plus favorables. Il ne pouvait plus recourir à l'obligeance de son ami, lui imposer de nouveaux sacrifices.

Un commandement lui avait été adressé à la requête de M. de Villey, par exploit du ministère de Levéel, huissier, du 11 mai 1849; tous ses immeubles, tant de Saint-Marcouf que de Grenneville, allaient être saisis.

Il fallait vendre, vendre à tout prix, aux conditions les plus désastreuses peut-être.

C'était sous la menace de ces poursuites que M. du Mutel avait eu recours à l'obligeance de M. Gisles aîné, pour tâcher de lui trouver des amateurs pour l'acquisition de ses domaines. Il avait prié M. Victor Lelaidier de déterminer M. Gisles, qui était son beau-père, à se charger de sa liquidation.

2

Voici en quels termes il lui avait adressé cette prière.

> » 1er février 1849.

> » ..... J'ai écrit à M. Gisles pour lui dire que j'acceptais avec recon-
> » naissance la proposition qu'il m'a faite relativement à la vente de la
> » terre de Saint-Marcouf. Je croyais recevoir une réponse à ma lettre ,
> » mais aussitôt après mon retour j'irai le voir pour terminer le plus tôt
> » possible. *Si M. Gisles voulait prendre la peine de me diriger dans toutes*
> » *mes affaires, il me rendrait un véritable service.....*

> « 4 février 1849.

> » JE REGRETTERAIS BEAUCOUP QUE M. GISLES NE VOULUT PAS S'OCCUPER
> » DE MES AFFAIRES.... »

M. Gisles avait bien voulu accepter cette tâche ; une correspondance volumineuse atteste les efforts qu'il a faits pour liquider la position difficile de M. du Mutel, pour le mieux de ses intérêts et de ceux de ses créanciers ; il fit même, dans ce but, des voyages à Paris et à Nemours.

Les terres de Saint-Marcouf et de Grenneville furent mises en vente. Cette vente fut annoncée par des placards et des insertions dans les journaux : elle devait avoir lieu le 1er mai 1849, par adjudication publique, devant Me Sanson, notaire à Valognes.

L'adjudication fut tentée, mais il ne se présenta pas d'enchérisseurs, si ce n'est sur quelques parcelles peu importantes, dont le prix ne pouvait suffire à désintéresser les créanciers.

La position devenait de plus en plus critique. M. Vor Lelaidier reconnut alors, mais trop tard, qu'il s'était fait illusion sur la fortune de son débiteur, et qu'il était dupe de son excès de confiance. Ces terres, *dont la moitié devait suffire pour éteindre toutes les dettes* de M. E. du Mutel (1). ne pouvaient plus évidemment faire face au passif énorme, qui venait de se révéler. TROIS CENT CINQUANTE-DEUX MILLE HUIT CENT TRENTE-UN

____

(1) Lettre du 18 novembre 1843.

FRANCS QUARANTE-SEPT CENTIMES *de créances inscrites primaient celle de M. V^{or} Lelaidier.* Ce passif absorbait la plus grande partie de la valeur des biens. M.V^{or} Lelaidier acquit, dès ce moment, la certitude d'une perte considérable. Que faire dans cette pénible position? Il ne s'était pas présenté d'amateurs sérieux pour acquérir les immeubles. Et, malgré les sollicitations pressantes de M. E. du Mutel, M. V^{or} Lelaidier ne voulait pas, au sortir de la crise qu'il venait de traverser, débourser un nouveau capital de 352,000 fr. et plus.

Cependant, les circonstances si impérieuses lui faisaient presque une nécessité de ne pas laisser exproprier les immeubles qui étaient son gage. C'était, évidemment, sur lui que devaient retomber les frais et les chances d'une expropriation : c'est sur lui que le prix, quel qu'il fût, devait périr; quel qu'il fût, il devait toujours être inférieur au montant des dettes inscrites. Aussi, cédant à la nécessité et aux conseils d'hommes d'expérience, il se décida enfin à acquérir les biens de M. E. du Mutel.

V. Voilà le tableau fidéle et exact des relations qui ont existé, depuis 1836 jusqu'au 23 mai 1849, entre M. E. David du Mutel et la maison Lelaidier frères, à laquelle a succédé la maison V^{or} Lelaidier. Tous les faits qui viennent d'être rappelés, sont justifiés par des actes et par la correspondance; on ne sera peut-être pas assez téméraire pour en nier l'exactitude. Et quoi qu'on dise, ces faits prévaudront toujours contre des suppositions menteuses et des insinuations perfides et malveillantes.

Nous demandons maintenant aux magistrats, qui jugent les actes et les paroles des parties, nous le demandons à tout homme juste et impartial, est-ce l'ouverture de crédit qui a fait évanouir la fortune éphémère de M. E. David du Mutel?

Est-ce l'ouverture de crédit qui *a englouti* cette fortune, criblée des dettes de ses ancêtres et de ses dettes personnelles?

N'est-ce pas au contraire le débiteur, qui, abusant de la confiance aveugle et illimitée de son ami d'enfance, a puisé à pleines mains, pendant treize ans, dans sa caisse, en le berçant chaque jour de promesses illusoires ? N'est-ce pas le débiteur qui a fait perdre à son créancier la moitié d'une créance parfaitement légitime, excédant 250,000 fr. ?

Qu'on réponde.

VI. Mais, poursuivons le récit des faits, et nous verrons bientôt que ce n'est pas là le seul grief dont M. V^{or} Lelaidier ait à se plaindre.

L'adjudication tentée le 1er mai 1849 ayant échoué, les immeubles de M. E. du Mutel étant sur le point d'être saisis, force fut à M. V^{or} Lelaidier d'accepter les propositions de M. E. du Mutel.

Par acte, au rapport de Me Sanson, notaire, en date du 23 mai 1849, M. Elzéar David du Mutel vendit à M. Victor Lelaidier tous les immeubles dont il était propriétaire dans la commune de Saint-Marcouf-de-l'Isle et dans les communes de Grenneville et Crasville réunies, SANS EXCEPTION AUCUNE.

Au nombre des immeubles situés sur ces deux dernières communes, sont désignés sous ce titre : OBJETS DÉTACHÉS DES FERMES :

Une maison de maître, composée de plusieurs pièces, nommée LE PAVILLON, *avec cour, remises, jardin potager.*

On indique ensuite les numéros du plan cadastral de la commune, sous lesquels les objets vendus sont portés : ce sont les n^{os} .. ... 33, 34, 35, 36, **37, 38,** ..... **260,** ..... **311,** section B.

Arrêtons-nous ici sur une imputation injurieuse que renferme l'écrit auquel nous répondons, non pas contre M. V^{or} Lelaidier, mais contre son beau-père.

« On conçoit, dit l'auteur, que dans une énumération de 102 numéros
» du cadastre, faite d'avance par un homme habile, un vendeur inex-
» périmenté en affaires et accablé par le sentiment de sa ruine, n'ait pas
» reconnu, à une lecture rapide, ce qui est figuré au plan cadastral
» sous les n°s 260 et 311. » (p. 25 de la copie.).....

..... « Il est certain que M. Gisles prépara lui-même, de longue main,
» dans l'intérêt de son gendre, la rédaction du contrat, sur le vu des

» titres qu'il avait aux mains. Jour fut pris pour la réalisation du contrat
» devant Me Sanson, notaire en cette ville.

» L'acte fut reçu en la demeure de M. Gisles; il était près de minuit,
» lorsque le notaire eut fini de transcrire l'acte de vente préparé et qu'il
» en donna lecture aux parties. Cet acte était fort long. M. E. du Mutel,
» qui était en ville depuis le matin, accablé de fatigues et d'émotions,
» attacha seulement son attention à la partie du contrat dans lequel *on*
» *lui faisait vendre* LE PAVILLON *avec cour, remise, jardin potager,* en un
» mot, tous les immeubles dont il était propriétaire à Grenneville et
» Crasville, *sans exception aucune.* »

» *C'est alors qu'il proteste et qu'il exige* qu'on exprime par *un renvoi*
» *en marge sa protestation* dans les termes ci-après : *sinon seulement les*
» *immeubles qui appartiennent à M. Charles-Armand du Mutel, frère du*
» *vendeur, demeurant à Grenneville, en vertu de partage intervenu entre eux,*
» *déposé pour minute à Me Sanson, notaire soussigné, par acte du*
» *27 novembre 1829........*

» En présence d'une PROTESTATION AUSSI FORMELLE, il nous semble
» difficile de soutenir que M. Elzéar du Mutel a entendu vendre, et
» M. Lelaidier acquérir le Pavillon et les autres objets revendiqués. »

Pour nous, qui, en présence d'une imputation aussi grave, avons voulu
consulter la minute, il nous est impossible de comprendre l'excès
d'audace qui a dicté les lignes que nous venons de rapporter en leur
entier.

D'abord il est faux que ce soit M. Gisles qui ait à l'avance préparé
l'acte, que le notaire aurait seulement transcrit. Cet acte a été dressé par
le notaire, qui déjà avait préparé le cahier des charges, pour parvenir à
l'adjudication publique du 1er mai, sur le vu des titres.

Ensuite l'inspection seule de la minute donne un démenti au
calomniateur.

C'est vous, dites-vous, E. du Mutel, sous l'inspiration duquel ce qu'on
vient de lire a été écrit, c'est vous qui avez protesté, qui avez exigé que

votre protestation fût constatée par un renvoi. Eh bien ! *les renvois en marge* portent ceci, sous le titre OBJETS DÉTACHÉS :

» *Une maison de maître, composée de plusieurs pièces, nommée* LE PA-
» VILLON, *avec cours, remises, jardin potager.* » Et ce renvoi est paraphé conformément à la loi.

C'est vous qui avez exigé ce renvoi en marge, et *vous osez écrire* QUE LE PAVILLON *n'est pas compris dans la vente !! Que vous avez été trompé par un rédacteur habile.*

La calomnie est quelquefois bien maladroite !

Les n°s 260 et 311 sont compris dans le corps de l'acte, et c'est vous qui avez exigé que, *par un renvoi en marge,* on indiquât les parcelles *non comprises dans la vente,* et appartenant à M. Charles-Armand David du Mutel.

La minute vous donne un nouveau démenti. *Les n°s 260 et 311* continuent, après votre prétendue protestation, de figurer dans le corps de l'acte, et le renvoi en marge indique les parcelles appartenant à M. Charles-Armand David du Mutel, en vertu du partage de 1829. Ce sont les n°s 41, 42, 43, 44, 45, 46, 47, 48, 49, 50, 51, 53, 54, 55, 56, 228, 229, 230, 231, 232, 233, 234, 235, 236, 237, 238, 239, 240, 241, 257, **261**, 332, 334, 335, section B.

Or, les n^os **37** et **38,** PAVILLON *et dépendances,* **260** et **311,** AVENUE DE LA MER, y brillent par leur absence, et voilà comme on écrit l'histoire ! Voilà ce que contient le renvoi qui a été le fruit d'une énergique protestation !!

Voilà, au contraire, selon nous, ce qui explique l'acte de la manière la plus claire; voilà ce qui prouve que la nomenclature des numéros du plan cadastral, insérés dans l'acte, a été le résultat d'une œuvre réfléchie de la part de cet homme *succombant sous le poids de ses émotions et de sa ruine.* C'est lui qui a exigé ces renvois en marge, et ces renvois en marge disent le contraire de ce qu'il ose affirmer. Nous verrons, du reste, à l'œuvre cet homme si inexpérimenté en affaires.

VII. M. Victor Lelaidier, en exécution des clauses du contrat du 23 mai 1849, avait remboursé quelques-uns des créanciers qui devoient être payés, en déduction des 472,000 fr. formant le prix de la vente.

Mais, voulant purger son acquêt des trente-trois inscriptions qui grevaient les biens vendus, il fit transcrire le contrat, le 13 juin 1849, et le fit notifier aux divers créanciers, au nombre desquels est M. Albéric David du Mutel.

Les notifications contiennent, selon le vœu de la loi, l'extrait du contrat et le tableau des créanciers inscrits. Cette notification est imprimée, et elle énumère, avec clarté, la désignation des biens sur lesquels les créanciers sont appelés à surenchérir.

Aucune enchère ne survient.

L'ordre est ouvert pour la distribution du prix, tous les créanciers, y compris M. Albéric David du Mutel, sont appelés à y prendre part.

M. Albéric David du Mutel, alors mineur émancipé, s'y présente sous l'assistance de M. Macé, ancien avoué, son curateur.

Ici commence la série des nombreuses difficultés que M. E. David du Mutel a suscitées à celui *qu'il appelait naguères son ami,* QUI AVAIT FAIT POUR LUI PLUS QUE POUR QUI QUE CE SOIT.

Nous avons vu plus haut que Mme David du Mutel, née Rousseau, mariée sous le régime de la communauté, s'était obligée, conjointement et solidairement avec son mari, envers M. V^{or} Lelaidier; non-seulement elle s'était ainsi engagée, mais elle avait encore subrogé M. V^{or} Lelaidier aux droits de son hypothèque légale, par préférence et antériorité à elle-même.

M. Albéric David du Mutel, obéissant aux suggestions de son père, critique non-seulement la quotité de la créance de M. Victor Lelaidier, il lui conteste, ainsi qu'à M. de Villey et autres créanciers remboursés par M. Victor Lelaidier, le rang de leurs créances. Il veut faire juger que, nonobstant les engagements personnels contractés par sa mère envers ces créanciers, il obtiendra la préférence sur eux.

Ces prétentions sont longuement formulées sur le procès-verbal d'ordre; elles sont combattues par M. Victor Lelaidier; et, après une instruction complète, le tribunal, par un jugement du 17 mars 1851, reconnaît la parfaite exactitude du compte présenté par M. Victor Lelaidier et l'entière légitimité de sa créance. Le même jugement rejette les prétentions de M. Albéric David du Mutel, tendant à anéantir l'effet des engagements contractés par sa mère, à l'égard des créanciers.

Ce jugement a été délivré et signifié conformément à la loi, tant à M. Albéric David du Mutel qu'à M. Macé, son curateur; il avait acquis l'autorité de la chose jugée, irrévocablement jugée, lorsque, le 2 mars 1852, il intervint un arrangement entre M. Albéric David du Mutel, assisté de son curateur, et M. Victor Lelaidier.

Celui-ci était loin de toucher à l'ordre la totalité de sa créance; il perdait plus de 100,000 fr.

Cependant, voulant traiter favorablement son débiteur, et prenant en considération la position fâcheuse du mineur du Mutel, il déclare se contenter, pour toute créance en principal et accessoires, de celle qu'il pourra obtenir aux ordres tenus actuellement à Valognes et à Fontainebleau, soit sur M. du Mutel père, soit sur son fils aux droits de sa mère, et se désister en faveur dudit du Mutel de l'excédant desdites créances dont il n'obtiendrait pas collocation.

..... M. Lelaidier consent main-levée des saisies-arrêts formées aux mains des fermiers et débiteurs de M. du Mutel. Il s'oblige de fournir ces main-levée par acte séparé.

M. Elzéar du Mutel avait enlevé la barrière en fer du château de Saint-Marcouf et l'avait transportée à Grenneville, il prend l'obligation de la remettre!

M. Lelaidier reconnaît par cet arrangement que *M. Charles du Mutel doit conserver la jouissance,* SA VIE DURANT, *des maisons, cours, jardins et de l'avenue allant à la mer, du château de Grenneville,* à charge des impositions, soit ordinaires, soit extraordinaires, et des réparations d'entretien, sans que M. Lelaidier soit tenu, de son côté, à faire les grosses réparations.

M. Lelaidier fait réserve expresse de tous ses droits contre M. Charles du Mutel, notamment dans les créances qu'il a payées ou pourra payer pour lui.

En exécution et en vertu de ces conventions; qui ne seront pas méconnues, M. Albéric David du Mutel, devenu majeur, a, *par un acte du 17 février 1856*, autorisé M. Victor Lelaidier à donner main-levée des oppositions formées par ce dernier entre les mains de M. Louis Poisson, ou du directeur de la caisse des consignations, à Valognes. Il déclare que la main-levée que donnera M. Lelaidier, en vertu des conventions ci-dessus rappelées, doit être considérée comme étant donnée par lui-même.

Ainsi, majeur, il ratifie tout ce qui s'est passé à l'ordre, il ratifie le jugement, il ratifie la convention, en vertu de laquelle il est reconnu que *son oncle*, CHARLES-ARMAND DAVID DU MUTEL, *ne doit avoir que* LA JOUISSANCE VIAGÈRE DU PAVILLON DE GRENNEVILLE, *de ses dépendances* et DE L'AVENUE CONDUISANT A LA MER, à charge des réparations d'entretien; que M. Lelaidier, comme nu-propriétaire, ne sera pas tenu aux grosses réparations.

Et c'est lui, lui-même, qui, cherchant à dénaturer et à torturer le sens d'actes parfaitement clairs, vient soutenir que M. Victor Lelaidier *n'a pas été fait propriétaire de ce pavillon et de cette avenue.* Est-il possible qu'on puisse se flatter de tromper à ce point la religion des magistrats?

Par égard pour son ancien ami, M. Lelaidier avait bien voulu, malgré ses procédés peu bienveillants, laisser à M. Elzéar David du Mutel la jouissance du château de Saint-Marcouf à des conditions fort avantageuses. Cette condescendance, d'abord accueillie avec reconnaissance, fut bientôt repoussée par M. Elzéar du Mutel. M. Lelaidier crut que ce changement d'idée pouvait avoir pour cause le déplaisir d'habiter, comme locataire, des lieux où l'on vivait précédemment avec tout le luxe d'un riche propriétaire.

Il fut bientôt désabusé. Ce qu'il ne voulait pas tenir de l'obligeance d'un ami généreux, M. Elzéar du Mutel voulut le lui arracher par la ruse et la simulation.

Peu de jours avant l'acte du 23 mai 1849, il avait consenti un bail à la domestique, étant à son service, résidant avec lui, pour une durée de neuf années, pour un prix illusoire.

Et afin que ce bail ne pût pas transpirer, il l'avait fait enregistrer, non pas au bureau de Valognes, non pas à celui de Sainte-Mère-Eglise ou de Saint-Vaast, mais à celui de Carentan.

Ainsi, le descendant des Pierrepont ne craignait pas d'installer dans le vieux castel des Biards la femme qui était sous ses ordres, et de devenir le locataire en garni de celle qu'il payait, qu'il nourrissait, qui était soumise à ses volontés!

Un pareil acte ne pouvait soutenir les regards de la justice, et néanmoins M. Lelaidier voulut épargner à M. Elzéar David du Mutel la honte d'un pareil procès. Il racheta le bail de la fille Joséphine Lay et elle quitta le château.

Il nous en coûte de rappeler ces tristes détails, mais on nous y force, lorsqu'on représente M. Elzéar David du Mutel comme un homme inexpérimenté en affaires, dont on aura trompé la confiance et la bonne foi, lorsqu'on a la hardiesse d'écrire *qu'on lui a fait vendre à son insu et presque malgré lui*, LE PAVILLON ET L'AVENUE DU CHATEAU DE GRENNEVILLE, alors que dans la procuration reçue par M° Delamotte, notaire à Paris, le 22 janvier 1839; dans l'acte d'ouverture de crédit, du 29 janvier 1839; dans les actes authentiques du 21 décembre 1843, et 7 avril 1849, M. et Mme David du Mutel ont déclaré que M. Elzéar du Mutel *était* propriétaire DE LA MOITIÉ DU CHATEAU DE GRENNEVILLE, et qu'ils l'ont hypothéquée à la sûreté de la créance de M. Lelaidier.

S'il était vrai que cette portion du château n'eût pas appartenu à M. E. David du Mutel, il aurait ainsi trompé M. Lelaidier par un quadruple stellionat. Hâtons-nous de dire qu'il n'en est rien, et prouvons que M. E. David du Mutel, en hypothéquant et vendant LE PAVILLON *avec ses dépendances*, et L'AVENUE CONDUISANT A LA MER, n'a trompé personne et n'a fait que ce qu'il avait droit de faire.

VIII. Le système adopté par M. Albéric David du Mutel n'est plus le même que celui présenté dans les conclusions du 3 janvier dernier.

Comme tout ce qui est faux, ce système devait varier, changer de forme, à mesure que la vérité se fait jour.

Le premier système reposait sur deux propositions :

Première proposition. Les objets revendiqués N'AVAIENT JAMAIS APPARTENU A MM. MICHEL-FLORENTIN ET PROSPER-PHILIPPE DE PIERREPONT, par conséquent, ils n'avaient jamais pu les transmettre à M. E. David du Mutel, ni celui-ci à M. V^{or} Lelaidier.

Deuxième proposition. Ces objets ont été attribués à M. Charles-Armand David du Mutel, par le partage du 20 septembre 1829, déposé à Me Sanson, le 27 novembre suivant.

A l'appui de la première de ces propositions, M. Albéric David du Mutel a exhumé les dispositions les plus terribles de nos lois révolutionnaires sur l'émigration; il les a appelées à son aide, il en a exagéré la portée et les conséquences. Pourquoi MM. Prosper-Philippe et Charles-Michel-Florentin de Pierrepont n'ont-ils jamais été propriétaires des biens vendus et légués à M. E. David du Mutel? C'est, dit le fils de celui-ci, parce qu'ils étaient frappés de mort civile, et qu'ils n'ont pu hériter de leurs parents.

Dans un écrit, du 25 janvier dernier, nous avons démontré la fausseté de cet étrange système. Nous avons aussi démontré que la deuxième proposition ne reposait pas sur des bases plus solides. Et pour justifier notre réponse, nous avons produit certains documents que nous avons eu le bonheur de retrouver.

Il semblait que M. Albéric David du Mutel n'eût rien de mieux à faire que de se désister de prétentions qui ne pouvaient plus être honorablement soutenues.

Loin de là; vaincu sur ce premier terrain, il ne l'a abandonné que pour porter la lutte sur un autre, et voici son nouveau système d'attaque. Il transforme ainsi sa première proposition :

« § Ier.

» Les objets revendiqués par le demandeur N'ONT PAS APPARTENU » EXCLUSIVEMENT A MM. MICHEL-FLORENTIN ET PROSPER-PHILIPPE *de* » *Pierrepont;* ils n'y auraient eu *que des* DROITS INDIVIS, *et par conséquent* » *ils n'auraient pas pu les transmettre à un tiers.* »

On ne comprendrait pas bien ce raisonnement dans la bouche de M. Albéric David du Mutel fils, qui n'était pas héritier de Charles-Armand David du Mutel, son oncle, si nous ne rappelions ce qui s'est passé à la mort de ce dernier, arrivée le 15 octobre 1859.

La succession de M. Charles-Armand David du Mutel était dévolue à M. Elzéar David du Mutel, son frère, et à sa sœur, Louise-Marie-Joséphine David du Mutel, en religion Sainte-Marie de Sales, religieuse à la communauté de la Visitation, à Caen. Il fallait soustraire la part revenant à M. Elzéar David du Mutel à l'action de ses créanciers.

Dès le 18 octobre, Mme Sainte-Marie de Sales fait, par acte devant Me Desportes, notaire à Caen, donation entre vifs à son neveu, M. Albéric David du Mutel, de tous ses droits dans cette succession. A Dieu ne plaise que nous supposions à Mme Sainte-Marie de Sales la pensée d'avoir voulu favoriser son neveu au préjudice des créanciers de son frère; nous savons au contraire, de source certaine, que son vœu a été que cette fortune servît à les désintéresser tous.

Le même jour 18 octobre, M. Elzéar David du Mutel, par acte devant Me Baraudet, notaire à Valognes, vend à son fils Albéric, non présent (puisqu'il était à Caen), mais acceptant par Me Frilley, son mandataire verbal, toutes les parts et portions indivises qui lui reviennent dans les immeubles de Crasville et de Grenneville, dépendant de la succession de Charles, par le prix de 40,000 fr.

L'acte contient la désignation de ces immeubles, au nombre desquels sont :

1° Le château de Grenneville, avec les bâtiments à divers usages en dépendant, corps de ferme, bâtiments d'exploitation et d'habitation, cours, jardins et étangs.

2° Deux pièces de terre labourable, nommées la Grande-Pâture et la Pièce-de-la-Pierre-Jumelle, *avec encore l'avenue qui se trouve à gauche en sortant du château.*

L'acte indique que le vendeur est propriétaire de ces objets comme héritier de son frère, qui en avait été approprié par l'acte de partage de 1829.

Or, ce partage désigne ainsi les objets compris au n° 2.

Une pièce en labour, nommée la Grande-Pâture, et la pièce la Pierre-Jumelle, y tenant, en labour, jannière et futaie, ainsi que LA MOITIÉ DE L'AVENUE, LE CÔTÉ GAUCHE EN SORTANT LA COUR DU CHATEAU.

C'est donc comme donataire de Mme Sainte-Marie de Sales, sa tante, et comme acquéreur de M. Elzéar du Mutel, son père, tous deux héritiers de leur frère, Charles-Armand David du Mutel, que M. Albéric a la prétention *d'évincer M. V\or Lelaidier de la propriété* DU PAVILLON, DES REMISES, *cour et pressoir, formant une dépendance du château de Grenneville,* et DE L'AVENUE CONDUISANT AU RIVAGE DE LA MER.

Ainsi, selon lui, son père aurait vendu ces objets à deux acquéreurs ; une première fois, à M. V\or Lelaidier, une seconde fois, à lui-même. La vente faite à M. V\or Lelaidier, à cause de l'antériorité de sa date, serait peut-être préférable à la seconde ; mais, par malheur pour M. Victor Lelaidier, M. du Mutel père, selon le fils, n'aurait pas été propriétaire de ces objets, alors qu'il les a hypothéqués à plusieurs reprises, alors qu'il les a vendus. Le droit d'en disposer ne lui serait advenu que par le décès de Charles-Armand David du Mutel ; et ce droit, il l'a exercé en faveur de son fils !!

Pour faire consacrer ce système, il a invoqué les lois *fatales et spoliatrices* sur l'émigration ; il s'est jeté dans une énumération assez confuse des divers partages intervenus entre la république et les parents des trois frères émigrés, Prosper-Philippe, Michel-Florentin et Charles-Louis de Pierrepont.

Nous ne suivrons pas l'auteur de l'écrit dans le dédale de lots de toute espèce où il lui a plu de se jeter. Ces détails ne peuvent avoir d'autre mérite que d'embrouiller une cause parfaitement claire. Nous voulons la dégager de tout ce qui est inutile, pour la solution des difficultés que nos adversaires soulèvent avec plus d'habileté que de bonne foi.

M. Albéric David du Mutel ne prétend plus aujourd'hui, comme dans les conclusions du 3 janvier, que MM. Prosper-Philippe et Michel-Florentin de Pierrepont *n'ont jamais été propriétaires du pavillon de Grenneville, de la cour, des remises, écuries, pressoir, masure du colombier, avenue et autres objets qui ont été vendus à M. Lelaidier par M. E. David du Mutel.* Il prétend seulement qu'ils n'en ont pas été propriétaires *exclusifs :* d'où il tire la conséquence qu'ils n'ont pas pu seuls les transmettre à M. E. David du Mutel.

On conviendra peut-être que les deux frères de Pierrepont ont pu lui transmettre leur part dans ces objets. Or, cette part était au moins des deux tiers ; comme héritier de sa mère, M. E. David du Mutel y avait encore un droit quelconque, que M. Albéric reconnaît être d'un sixième. Cette seule considération nous donne déjà la mesure des prétentions de M. Albéric David du Mutel. Mais là ne se bornera pas notre réponse ; nous pouvons établir, par le rapprochement des actes et des documents de la cause, que MM. Prosper-Philippe et Michel-Florentin de Pierrepont étaient *propriétaires exclusifs des objets qu'ils ont transmis à E. David du Mutel, et que celui-ci a vendus à M. Lelaidier.*

Pour arriver à cette preuve, reprenons les faits de plus haut.

IX. En l'an II (1793-1794), les trois frères de Pierrepont furent, selon M. Albéric David du Mutel, portés sur la liste des émigrés. Leurs biens furent confisqués, mais ils ne furent pas vendus. Ces biens étaient indivis entre eux et leurs frères et sœurs. M. Pierre-Raymond-Charles-Louis de Pierrepont, leur père, s'était marié deux fois.

Du premier mariage avec Mme Françoise-Prospère Muldrac étaient issus sept enfants : Prosper-Philippe, Charles-Louis, Michel-Florentin, Auguste, qui paraît être mort en 1795, Charlotte, Marie-Louise, mariée à M. Jean-Baptiste-François du Mutel, et Florentine, mariée à M. Lecauf de Bannoville.

Du second mariage avec Magdeleine-Jeanne-Françoise Folliot de Fierville étaient issus : Uranie-Marie-Augustine, mariée à M. Charles Faynot, Hyacinthe et Eugène de Pierrepont.

Le 3 frimaire an III, deux lots furent formés entre la république représentant les trois frères émigrés, et les demoiselles Charlotte, Louise et Florentine de Pierrepont, enfants du premier lit, des biens qui leur étaient échus du chef de leur tante, Marie-Magdeleine Muldrac, de Flottemanville. LE PREMIER LOT, échu à la république, fut composé :

1° *De la partie orientale du château de Grenneville*, FORMANT UN PAVILLON ;

2° *De la moitié des haut et bas jardins, divisée de l'autre partie par une ligne d'orient en occident, aboutissant sur le gazon qui* S'ÉTEND LE LONG DU PAVILLON *et qui restera attaché à ce lot, ainsi que la partie septentrionale du jardin auquel devait être jointe la masure du* COLOMBIER ;

3° LA PARTIE DE COUR RENFERMÉE AU LEVANT PAR SON ENTRÉE ET PAR LA LIGNE QUI DE L'ANGLE OCCIDENTAL DU PIGNON DU PAVILLON *devait venir toucher la pièce d'eau ou fontaine étant dans la cour et aboutir sur* LE MUR DE SÉPARATION DU PRESSOIR ET DE LA MAISON DU FERMIER, *ladite fontaine devant être commune aux deux lots.* Le premier lot devait souffrir passage par sa partie de cour pour exploiter les terres du second lot et habiter les maisons. *Pour cet effet,* L'AVENUE DITE DES CHATAIGNIERS DEVAIT RESTER COMMUNE, ET LES ARBRES PLANTÉS SUR LA SURFACE APPARTENIR, LA RANGÉE LE LONG DE LA CROUTE AU PREMIER LOT, LES DEUX RANGÉES PLANTÉES AU COTÉ OPPOSÉ, AU DEUXIÈME LOT ;

4° DE LA BOULANGERIE, BATIE AUPRÈS DE LA PORTE D'ENTRÉE DE LACOUR ;

5° DU PRESSOIR *et de cinq charretteries bâties du même côté de la cour ;*

6° DE LA CROUTE, contenant 5 vergées, en herbage, bornée au levant par la voie de Quettehou à Montebourg, ... au *couchant,* PAR L'AVENUE DES CHATAIGNIERS .....

25° DE LA MOITIÉ DE LA GRANDE AVENUE QUI CONDUIT AU RIVAGE DE LA MER, ET LES ARBRES PLANTÉS DU COTÉ GAUCHE DE LADITE AVENUE......

LE SECOND LOT, échu aux trois sœurs de Pierrepont, fut formé :

1° *De l'autre partie du château,* DEPUIS LE PAVILLON JUSQU'A L'AVENUE DES CHATAIGNIERS ;

2° De plusieurs liages de maisons, situées sur les parties méridionale et occidentale de la cour, composées........

22°. DE L'AUTRE MOITIÉ DE L'AVENUE CONDUISANT AU RIVAGE DE LA MER, et les *arbres plantés dans toute son étendue* DU CÔTÉ DROIT EN ALLANT A LA MER.

Cet acte de partage désigne clairement les objets attribués à la république; il les distingue avec précision de ceux attribués au lot des trois demoiselles de Pierrepont.

X. Mais bientôt le lot attribué à la république subit un retranchement, par la découverte d'une créance privilégiée, qui pourtant était commune aux deux lots.

Une dame veuve Sevan, née *Le Jolis,* était créancière légitimaire en une somme capitale de 16,520 livres sur les deux sœurs Muldrac, ayant épousé, l'une M. Pierre-Raymond-Charles-Louis de Pierrepont, l'autre M. Dumoncel, de Flottemanville; la première décédée en l'année 1776, l'autre le 13 février 1793.

Elle demanda à l'administration centrale la distraction, à son bénéfice, des biens ayant appartenu à ses débiteurs, jusqu'à concurrence de ladite somme de 16,520 livres.

L'administration fit droit à cette demande, et, suivant procès-verbal du 3 prairial an V, dressé par deux experts nommés, l'un par l'administration, l'autre par Mme de Sevan, il fut procédé à l'estimation et à la distraction de certains biens situés à Grenneville, et dépendant desdites successions.

Ce sont :

1° LE PAVILLON EN FACE DE LA MER, *faisant partie de la grande maison manable*, LES REMISES, LE PRESSOIR, LA BOULANGERIE ET LA MASURE DU COLOMBIER, le tout dans le plus mauvais état possible, *l'autre moitié du jardin, la portion de cour qui peut appartenir, et l'autre moitié* DE L'AVENUE CONDUISANT A LA MER, le tout évalué à la somme de.   2,260 liv.

2° Une pièce de terre, *nommée* LA CROUTE, contenant 4 vergées environ, avec les haies et fossés qui lui appartiennent, qui jouxte du levant le chemin d'Aumeville à Quettehou, *du midi la maison manable, du couchant la voie des Châtaigniers*, et du septentrion une venelle, nommée le Passage-du-Moulin, estimée.   900

3° L'autre moitié de la pièce Saint-Germain, ... estimée.   2,000

4° L'autre moitié du pré du Lanier, ... estimée.   1,520

5° La pièce de la Georgetterie, ... estimée. .   200

6° Une petite maison, ... une petite boulangerie, ... le tout estimé.   800

7° La portion du Grand-Fresne dont le petit jardin potager fait partie, ... estimée à.   1,600

8° LE PETIT-FRESNE, *terre labourable, avec la seule haie qui lui appartienne, contenant* 13 *vergées environ, qui jouxte du levant le petit pré des Osiers et les Pétits, du midi* L'AVENUE ALLANT A LA MER, *du couchant le chemin d'Aumeville à Quettehou, et du septentrion le* GRAND-FRESNE, estimé.   2,240

A reporter. . . .   11,520 liv.

Report.   .   .   .   11,520 liv.

9° La **Petite - Platière** , *pâturage , contenant
7 vergées environ, avec les haies et fossés qui lui appartiennent, qui jouxte du levant* la Grande-Platière , du
midi les navières, du couchant le chemin d'Aumeville
à Quettehou, et du septentrion le Jardin-Dupoirier,
estimé.   1,400

10° Le pré du Douë , contenant 10 vergées en-
viron, avec les haies et fossés, etc. ..... estimé à.   .   2,600

11° La pièce de la Grange, ... estimée.   .   .   2,000

Total égal.   .   .   .   .   16,520 liv.

M. Albéric David du Mutel nous reproche d'avoir commis à cet égard
une erreur de fait, dans notre écrit du 25 janvier.

Nous aurions commis une erreur qu'elle serait excusable, nous sommes
moins bien renseignés sur ces faits que notre adversaire.

Nous serions trop heureux si nous n'avions que des erreurs à lui
reprocher.

Mais nous n'avons pas même commis cette erreur dont il parle.

Le procès-verbal du 3 prairial an V relate bien les désignations et les
estimations que nous venons d'indiquer et que nous avions également
indiquées dans l'écrit du 25 janvier, avec la plus scrupuleuse exactitude.

Mais, à la suite de ce procès-verbal, il s'est produit un fait que nous
ignorions et que la communication faite par M. Albéric David du Mutel
est venue nous révéler.

L'administration centrale soupçonnant quelque inexactitude, ou peut-
être quelque complaisance dans les évaluations du procès-verbal du
3 prairial an V, ordonna, par un arrêté du 2 nivôse an VI, que, par
deux nouveaux experts, il serait procédé, en présence du receveur du
domaine national, à une nouvelle estimation de la valeur intrinsèque, à

l'époque de 1790, des biens fonds cédés à la citoyenne Le Jolis, veuve Sevan, pour la remplir du capital de 826 livres de rente, à elle due par la succession Muldrac, de Flottemanville, dont étaient héritiers en partie les frères Pierrepont, émigrés.

Les experts procédèrent à cette opération le 13 ventôse an VI , et le résultat de cette opération fut bien différent de celui du procès-verbal du 3 prairial an V.

Ils estimèrent :

1° LE PAVILLON, EN FACE DE LA MER, *faisant partie de la grande maison manable, les remises, le pressoir, la boulangerie et la masure du Colombier,* compris LA MOITIÉ DE L'AVENUE et 400 livres pour le bois, à la somme de. . . . . 2,720 liv.

2° La pièce LA CROUTE, en herbage , compris 255 livres pour le bois, à la somme de. 2,655

3° La moitié de la pièce Saint-Germain, à. . . 2,350

4° La moitié du pré Lanier, à. . , . . . 4,000

5° La pièce de la Georgetterie, à. 200

6° La petite maison manable , etc., à. . . . 1,000

7° *La pièce* DU PETIT-FRESNE, en labour, sans bois, à 4,300

8° La portion du Grand-Fresne avec un petit jardin potager, compris 50 livres pour le bois , à. 4,210

9° LA PETITE-PLATIÈRE, en pâturage, compris 240 livres pour le bois, à. 3,140

10° Le pré du Doué, à. 4,045

11° Et la pièce de la Grange, compris le bois, pour 300 livres, à la somme de. . . . 3,000

Au total. . . . 32,320 liv.

C'était presque le double de la première évaluation.

En conséquence de ce nouveau procès-verbal, l'administration centrale, par arrêté du 6 thermidor an VI,

Vu : 1° son arrêté du 26 floréal précédent, portant approbation du procès-verbal estimatif, en date du 13 ventôse, des fonds qui auraient été cédés à la citoyenne Le Jolis, veuve Sevan, pour la remplir d'un capital de 16,520 livres, faisant moitié de sa légitime, dont elle était créancière sur les biens ayant appartenu aux citoyennes Muldrac-Pierrepont et Muldrac-Flottemanville;

2° Les avis des administrations municipales de la commune et du canton;

Arrêta que les objets ci-après désignés seraient cédés, en toute propriété, à la citoyenne Le Jolis, veuve Sevan, pour la remplir, de moitié de sa légitime, montant à 16,520 livres, à même les biens revenant à la république, aux droits des émigrés Pierrepont, savoir :

1° LE PAVILLON EN FACE DE LA MER, faisant partie de la grande maison manable, *les remises, le pressoir, la boulangerie et la masure du Colombier,* l'autre moitié du jardin, la portion de cour qui peut y appartenir et *l'autre moitié de l'avenue conduisant à la mer* (n°ˢ 36, 37 et 38 du plan cadastral); le tout évalué à la somme capitale de.   2,720 liv.

2° Une pièce, nommée LA CROUTE, avec les haies et fossés qui lui appartiennent, évalués (n°ˢ 33, 34 et 35) à.   2,655

3° Une petite maison manable, un grenier, charterie, cours, et deux petites côtes pendantes (n°ˢ 269 et 270), estimés à.   1,000

4° La portion du Grand-Fresne, avec un jardin potager (n°ˢ 265 et 266), évalués à.   4,210

5° LA PETITE-PLATIÈRE, en pâturage (n° 257), évaluée à.   3,140

Et 6° *La pièce du* PETIT-FRESNE, en labour (n°ˢ 261 et 262).   4,300

Total. . . . .   18,025 liv.

Et *vu que cette somme excédait de 1,505 livres la part de la citoyenne Sevan*, il fut arrêté qu'il serait distrait une portion de la pièce DU PETIT-FRESNE, en labour, jusqu'à concurrence de 1,505 livres, par deux experts, pour être remis aux mains du domaine national.

XI. Peu de temps après, Mme de Sevan vendit, à M. Pierre-Jean-François-Julien de La Pigacière, les immeubles dont elle avait été envoyée en possession par l'arrêté du 6 thermidor an VI.

Et ce dernier les rétrocéda, par acte du 4 pluviôse an XII, déposé à Me Jourdan, notaire à Caen, le 22 août 1808,

À M. Jean-Baptiste-François David du Mutel, au nom et comme mari de dame Marie-Louise de Pierrepont, demeurant en la commune de Saint-Marcouf-de-l'Ile; et Prosper-Auguste-Philippe de Pierrepont, demeurant en la ville de Valognes; ledit du Mutel acceptant pour la dame son épouse et pour M. Charles-Michel-Florentin de Pierrepont, son beau-frère, et ledit Prosper de Pierrepont pour lui personnellement.

Cette rétrocession fut faite, à charge du service de diverses rentes et notamment de payer à M. Julien de La Pigacière une rente perpétuelle de 200 francs, au capital de 4,000 francs.

Cette rente a été reconnue, par acte notarié du 6 juin 1838, par M. E. David du Mutel, tant comme héritier de sa mère que comme représentant MM. Prosper-Auguste-Philippe de Pierrepont et Charles-Michel-Florentin de Pierrepont, que comme se portant fort de Charles-Armand du Mutel, son frère.

Il a en outre déclaré que ce dernier était passible d'un sixième dans la rente, *du chef de la dame du Mutel, sa mère*, et que lui-même était passible des cinq autres sixièmes, savoir : un sixième *aux droits de sa mère*, et les quatre derniers sixièmes comme légataire de M. Charles-Michel-Florentin de Pierrepont, son oncle.

Maintenant, que sont devenus les biens abandonnés par la république au droit des frères Pierrepont, émigrés, à Mme de Sevan, rétrocédés par elle à M. de la Pigacière, et par celui-ci aux deux frères de Pierrepont et à Mme David du Mutel, leur sœur?

M. Albéric David du Mutel, qui pense (il a de bons motifs pour cela) que M. Victor Lelaidier n'a pas en sa possession l'acte de partage qui, d'après les usages de la famille de Pierrepont, a dû être fait par acte sous signatures privées, M. Albéric David du Mutel nous dit que rien ne fait supposer qu'il ait été fait un *partage* RÉGULIER relativement à ces biens.

Nous répondons, nous, que tout prouve au contraire l'existence de ce partage, et qu'il serait au besoin suppléé par une possession divise, continue, à titre de propriétaire, depuis l'année 1804, en sorte qu'aux termes de l'article 816, Code Napoléon, M. Albéric David du Mutel, représentant son oncle, ne pourrait demander un partage des biens cédés en 1804 à MM. de Pierrepont et à leur sœur, Mme David du Mutel.

Et, en effet, nous avons vu que les biens cédés à Mme de Sevan avaient été estimés, valeur de 1790, au capital de 18,025 livres, en y comprenant la totalité de la pièce le *Petit-Fresne,* de laquelle il fallait distraire 1,505 livres. Restait à partager une valeur de 16,520 livres, *dont le tiers, pour Mme David du Mutel,* était de 5,506 livres 13 sols.

Or, Mme David du Mutel, après elle ses deux enfants, et depuis 1829 M. Charles David du Mutel seul, ont possédé, à *titre de propriétaires :*

1° *La pièce la Platière* (n° 257 du plan cadastral), entrée dans l'estimation ci-dessus pour une somme de . . . . . .   3,140 liv.

2° *Une portion de la pièce le* PETIT-FRESNE (n° 261), contenant 2 hectares, entrée dans la même estimation pour.   2,795

Total. . . . . .   5,935 liv.

Ces deux pièces de terre *dépendaient de la succession de Mme David du Mutel* et figurent au deuxième lot des partages de 1829, échu à M. Charles-Armand du Mutel.

Le surplus de la pièce le PETIT-FRESNE, contenant 1 hectare 23 ares 90 centiares (n° 262), ainsi que le Pavillon et tous les autres objets abandonnés à Mme de Sevan, ont au contraire toujours été possédés par MM. Prosper et Florentin de Pierrepont et par M. Elzéar David du Mutel, leur représentant.

Pour s'en convaincre, il suffit de remarquer que, dès l'établissement du cadastre en la commune de Crasville, c'est-à-dire en 1830, M. Charles-Armand David du Mutel a été porté sur la matrice cadastrale comme propriétaire des n° 257, PETITE-PLATIÈRE, pâture, contenant 2 hectares 24 ares, et **261**, le PETIT-FRESNE, labour, contenant 2 hectares; que M. Charles-Michel-Florentin de Pierrepont y est porté comme propriétaire du PETIT-FRESNE, n° **262**, labour, contenant 1 hectare 23 ares 90 centiares, et de tous les autres objets dont Mme de Sevan avait obtenu la distraction, moins *la pièce de la Platière et la portion du Petit-Fresne*, appartenant aux enfants du Mutel, aux droits de leur mère.

Ajoutons à cela que M. Prosper-Auguste-Philippe de Pierrepont et M. Charles-Michel-Florentin de Pierrepont, son frère, habitaient ensemble le pavillon de Grenneville ; que le premier est décédé le 1er avril 1819, après avoir institué son frère pour son légataire universel ; que celui-ci est mort le 22 août 1833, après avoir, à son tour, vendu et légué tous ses biens à M. E. David du Mutel, et que, dans la déclaration de succession passée au bureau de Saint-Vaast, le 14 février 1834, ce dernier a compris : *les pièces les Croutes, le jardin potager, la maison du Pavillon, les remises, l'avenue, le Petit-Fresne et la Grande-Platière,* nos 33, 34, 35, 36, 37 et 37 bis, 38, 260, 311 et 262 du plan cadastral.

Ajoutons encore que pas un de ces numéros ni de ceux recueillis dans les successions de MM. de Pierrepont, ne figurent dans le partage de 1829, intervenu entre les deux frères du Mutel, ainsi que nous le verrons bientôt.

XII. Notre contradicteur n'est-il pas encore convaincu? Veut-il encore d'autres preuves ? En voici :

Mᵐᵉ Uranie-Marie-Augustine de Pierrepont, enfant du deuxième lit et épouse de M. Charles Faynot, simple officier en demi-solde, réclama ses droits sur la succession de MM. Charles-Louis, Auguste, Philippe, Hyacinthe, Eugène, demoiselles Charlotte de Pierrepont et Florentine de Pierrepont, décédée épouse de M. Lecauf de Bannoville.

Après une longue procédure, un jugement du tribunal de Valognes, en date du 10 mars 1818, fit droit à cette demande et nomma des experts.

Mais, pour des motifs qu'il est inutile de rechercher, cette liquidation compliquée traîna en longueur, et pour y mettre un terme, les parties s'entendirent à l'amiable et arrêtèrent, en 1825, leurs droits sur ces diverses successions, parmi lesquelles figure celle de Charles-Louis de Pierrepont.

C'est donc à tort qu'on a affirmé que le jugement du 10 mars 1818 n'avait pas été exécuté.

Les pièces offertes en communication constatent cette exécution.

Notons ici en passant que notre contradicteur avait affirmé, pour la nécessité de sa cause, que M. Charles-Louis de Pierrepont, officier au 21ᵉ régiment Cambrésis, avait été emprisonné à Orléans, extrait ensuite de sa prison et compris dans le massacre qui eut lieu à Versailles dans la nuit du 9 au 10 septembre 1792. Cette histoire était très-dramatique, il n'y manquait qu'une chose : la vérité.

Nous avons établi, par le jugement du 10 mars 1818, qu'en 1795 il portait les armes contre la France, dans le régiment de Loyal-Emigrant. Et depuis, il n'est pas rentré dans son pays.

Cette réponse n'a pas déconcerté notre opiniâtre adversaire.

Si, dit-il, M. Charles-Louis de Pierrepont n'a pas été massacré en 1792, s'il était vivant en 1795, il est encore vivant aujourd'hui, il est simplement absent, et nous entendons faire déclarer son absence, pour

vous évincer en son nom ! Nous avons encore heureusement une réponse
à faire à cette refuite.

M. Charles-Louis de Pierrepont n'a pas été massacré dans la nuit du
9 au 10 septembre 1792, il était vivant en 1795, mais il n'est plus
vivant ; il ne vivait même plus en 1825, car, le 10 février 1825, vous,
enfants David du Mutel, vous avez, avec Mme veuve de Pierrepont,
M. Charles-Michel-Florentin de Pierrepont, M. Lecauf de Bannoville et
Mme Faynot, fait le partage de sa succession et de celles de MM. Auguste,
Philippe, Hyacinthe, Eugène et demoiselle Charlotte de Pierrepont, et,
*pour vous remplir de toutes choses quelconques qui vous appartenaient dans
lesdites successions, il vous a été abandonné 8 vergées de terre, nature d'herbage, à prendre dans les Recruttes, situées à Saint-Marcouf,* dont M. Michel-
Florentin de Pierrepont avait une partie et Mme Faynot une autre.

XIII. Il restait une succession à liquider, c'était celle de Mme Florentine de Pierrepont, décédée épouse de M. Lecauf de Bannoville.

Elle a été liquidée par le partage du 13 mai même année.

En vertu de ce partage, auquel MM. David du Mutel frères ont figuré,
M. Michel-Florentin de Pierrepont a été fait propriétaire :

DE LA MOITIÉ DE L'AVENUE DU CHATEAU DE GRENNEVILLE, CELLE A
DROITE, CONDUISANT A LA MER, contenant environ 60 ares, *ayant pour
abornements, de tous côtés,* MONDIT SIEUR DE PIERREPONT *et le chemin de
Quettehou.* Pourquoi le CÔTÉ DROIT DE L'AVENUE est-il borné de tous côtés
par *M. Michel-Florentin* DE PIERREPONT ? C'est qu'en vertu de l'acte de
vente consentie par M. de La Pigacière en l'an XII, et du partage des
immeubles abandonnés à Mme de Sevan, opéré entre lui et Mme David
du Mutel, *il était propriétaire* DE TOUT LE CÔTÉ GAUCHE

Par le même partage du 13 mai 1825, MM. David du Mutel ont été
appropriés :

1° De la maison dite la MAISON DE GRENNEVILLE, A PARTIR DU PAVILLON,
avec les autres maisons à divers usages JUSQU'AU PRESSOIR, ayant pour

abornements, au nord la *Croute*, à l'ouest la vieille cour, au sud le pendant, *à l'est* M. DE PIERREPONT.

Comment M. Florentin de Pierrepont pouvait-il borner, à l'est, la maison, proprement dite MAISON DE *Grenneville*, si ce n'est par le PAVILLON, LA COUR, LES REMISES ET LE PRESSOIR ? Il suffit de jeter les yeux sur le plan cadastral de la commune, pour reconnaître la situation des objets et la ligne de démarcation qui les distingue.

Ne résulte-t-il pas clairement de tous ces actes, auxquels nos adversaires ont été représentés, qu'il y a eu un partage entre Mme du Mutel et les deux frères Pierrepont, partage en vertu duquel ils ont possédé divisément, depuis 1804, les objets abandonnés par la république à Mme de Sevan?

On n'ose même pas nier formellement ce partage, il n'a pas, dit-on, existé de PARTAGE RÉGULIER. Mais s'il existe un partage, *même irrégulier*, cela suffit pour repousser vos prétentions; car depuis plus de trente ans, Mme du Mutel ou ses représentants ont possédé une portion des biens communs, c'est-à-dire, le *Petit-Fresne*, n° 261, et la *Petite-Platière*, n° 257; ils les possèdent encore aujourd'hui, de même que MM. de Pierrepont et leurs représentants ont toujours possédé exclusivement *le pavillon, la cour, les remises, le pressoir, l'avenue,* n°s 260 *et* 311. Or, cette possession est suffisante, aux termes de l'art. 816, C. N., même à défaut de représentation d'un acte en forme, pour écarter une demande en partage (Cour de Cassation, 4 juillet 1853). Il y a plus, un arrêt de la Cour de Bordeaux a jugé, que, même en l'absence d'une possession trentenaire, la preuve de l'existence d'un partage pouvait résulter de présomptions graves appuyées d'un commencement de preuve par écrit. Or, les documents écrits produits dans la cause fournissent ces présomptions graves, confirmées par une longue possession qui remonte bien au-delà de trente ans (D., P. 53, 1, 298 et 2, 83).

Soit qu'il y ait *partage régulier ou irrégulier*, soit qu'il n'en existe pas. M. Victor Lelaidier, représentant médiat de M. de Pierrepont, est donc bien légitime propriétaire de la partie orientale du château de Grenneville et des autres objets dont Mme de Sevan avait obtenu la distraction en l'an VI, à l'exception de la pièce *la Petite-Platière, n° 257,* et de *la portion de la pièce le Petit-Fresne, contenant 2 hectares, n° 261,* section B du plan cadastral, objets abandonnés à Mme David du Mutel, pour son tiers dans les mêmes biens.

XIV. Ceci nous dispenserait d'entrer dans l'examen de l'effet des lois de la révolution, en matière d'émigration.

Nous ferons, cependant, une très-courte observation sur les arguments qu'on a cherché à puiser dans ces lois.

Il est certain que les biens de Grenneville étaient échus à MM. de Pierrepont, avant leur émigration.

Les adversaires eux-mêmes nous disent, sans en apporter la preuve, que c'est au mois de décembre 1793 qu'ils furent inscrits sur la liste des émigrés. Or, les demoiselles Muldrac, qui étaient propriétaires des immeubles de Grenneville, étaient décédées, l'une en 1776, l'autre le 13 février 1793. MM. Prosper-Auguste-Philippe et Charles-Michel-Florentin de Pierrepont avaient donc recueilli ces biens avant leur émigration. Aussi est-ce sur eux qu'ils ont été confisqués, est-ce à eux que la restitution en a été faite par l'arrêté préfectoral du 13 thermidor an XI.

Que le gouvernement eût pu se dispenser de faire cette restitution aussi complète, c'est une question que nous ne devons pas examiner, car la restitution a eu lieu. Il était bien loisible au gouvernement de se relâcher, en faveur de Français malheureux, de la rigueur des lois révolutionnaires.

Aussi, ainsi que nous l'avons dit, MM. Prosper-Auguste-Philippe et Charles-Michel-Florentin de Pierrepont ont-ils repris, depuis l'arrêté du 13 thermidor, la possession des biens confisqués sur eux et non vendus, et c'est sur le fondement de la légitimité de cette possession qu'ont eu lieu les nombreux arrangements de famille qui sont intervenus depuis lors.

M. Albéric David du Mutel ne peut pas espérer pouvoir remettre en question des faits consommés depuis cinquante-sept ans.

Mais supposons que M. Michel-Florentin de Pierrepont fût *propriétaire exclusif* des immeubles revendiqués par M. Victor Lelaidier, M. E. David du Mutel a-t-il pu les transmettre à ce dernier ? Non, dit M. Albéric du Mutel. Et il formule ainsi sa seconde proposition :

« § II. — DEUXIÈME PROPOSITION.

» *Les objets revendiqués ont été attribués à M. Charles-Armand du Mutel,*
» *dans le partage des biens indivis, fait entre lui et son frère, par acte sous*
» *seing-privé du 20 septembre 1829, déposé à M° Sanson, notaire, le*
» *27 novembre suivant.* »

XV. Cette proposition ne roule que sur une misérable argutie, une méchante équivoque, que quelques explications vont faire évanouir.

Au mois de septembre 1829, les deux frères David du Mutel étaient co-propriétaires, du chef de leur mère, des biens situés à Saint-Marcouf-de-l'Ile et à Grenneville.

Les biens situés à Saint-Marcouf consistaient dans le château des Biards et en pièces de terre, situées en cette commune, provenant du partage de la succession de M. Pierre-Raymond-Charles-Louis de Pierrepont et de celles des frères et sœurs germains et consanguins de Mme David du Mutel.

Ceux de Grenneville consistaient : 1° dans la portion du château de Grenneville, échue aux trois sœurs de Pierrepont, enfants du premier lit, en vertu du partage fait avec la république, en l'an III ; 2° dans les immeubles compris au deuxième lot de ce même partage ; 3° dans la part revenant à Mme David du Mutel dans ceux rétrocédés, en l'an XII, par M. Julien de La Pigacière, c'est-à-dire la pièce *la Petite-Platière, n° 257,* et 2 *hectares à prendre dans le Petit-Fresne, n° 261 ;* 4° dans les immeubles advenus aux deux frères dans les partages des successions de leurs oncles et tantes, opérés en l'année 1825, ainsi qu'on l'a vu plus haut.

On a dit que les deux frères David du Mutel n'étaient pas *propriétaires exclusifs* du château des Biards et de ses dépendances, qu'une partie appartenait à Charles-Louis de Pierrepont, auquel était aussi échu un tiers de la pièce les *Recruttes*.

Nous avons déjà fourni la preuve que la succession de M. Charles-Louis de Pierrepont avait été liquidée par le partage de 1825, et que la portion de la pièce les Recruttes avait été attribuée aux frères David du Mutel. Il résulte encore d'un document que nous produisons, que, le 27 floréal an VIII, M. et Mme Lecauf de Bannoville, propriétaires d'une moitié de la maison de Saint-Marcouf, avaient cédé à M. et à Mme David du Mutel, propriétaires de l'autre moitié, *la part et portion qui leur appartenait dans ladite maison, cours, jardins et dépendances, sans en rien retenir,* moyennant 150 francs de rente. Au moyen de cette cession, M. et Mme du Mutel étaient devenus, dès l'an VIII, propriétaires de la totalité du château des Biards.

Il n'en était pas ainsi de la maison de Grenneville. La partie orientale, c'est-à-dire, LE PAVILLON, *les remises, le pressoir, la boulangerie et la masure du Colombier,* avec les cours, jardins, étaient la propriété de M. Charles-Michel-Florentin de Pierrepont, qui était, en outre, propriétaire de tous les biens qui lui avaient été rendus, ainsi qu'à son frère, par suite du décret d'amnistie.

L'acte de partage du 20 septembre 1829 ne pouvait pas comprendre des biens qui n'appartenaient pas aux co-partageants.

Un acte de partage, qu'on a voulu revêtir de la formalité authentique, ne pouvait pas régulièrement comprendre les biens d'un homme vivant.

C'est cependant là l'effet que M. Albéric David du Mutel veut faire produire à l'acte du 20 septembre 1829. Il veut absolument que le pavillon et les dépendances qu'occupait M. Charles-Michel-Florentin de Pierrepont, aient été, par suite d'un consentement tacite, d'une donation entre-vifs verbale, compris dans le partage. Rapporte-t-il, du moins, à l'appui d'une prétention aussi étrange, un adminicule de preuve? Pas le moins du monde. Il faut l'en croire sur parole.

Tout son système repose sur une supposition, dont nous venons de prouver l'inexactitude, à savoir que le château des Biards de Saint-Marcouf n'appartenait pas exclusivement aux deux frères, et qu'il a été pourtant attribué, en totalité, à M. E. David du Mutel, et que, *par une sorte de compensation*, la maison de Grenneville, composée du pavillon et de tous les autres bâtiments, aura été comprise au deuxième lot échu, par la voie du sort, à M. Charles David du Mutel, et cela, *du consentement tacite* de M. Charles-Michel-Florentin de Pierrepont.

Nous avons peine à croire qu'un pareil système ait été sérieusement présenté et qu'on ait quelque espoir de le faire consacrer par des magistrats, des jurisconsultes éclairés. Il ne nous sera pas difficile d'en démontrer la fausseté.

Mettons d'abord de côté cette prétendue compensation sur laquelle M. Albéric David du Mutel base tout son raisonnement. Il n'y a aucune similitude à établir entre le château des Biards et la maison de Grenneville; l'un appartenait bien aux deux frères, l'autre ne leur appartenait qu'en partie, c'est-à-dire le côté occidental, à partir du pavillon jusqu'au mur qui divise le pressoir de la maison du fermier.

Mais, si M. Florentin de Pierrepont, par affection pour ses neveux, eût voulu dès ce moment les gratifier de sa fortune, pourquoi donc ne leur eût-il donné que ce pavillon et ses dépendances? Pourquoi ne leur eût-il pas fait un abandon de tous ses biens, ou au moins de la petite pièce la Croute, contiguë à la façade nord des bâtiments?

Oh! c'est, dit l'adversaire, parce que MM. David du Mutel avaient fait abandon à M. de Pierrepont de la pièce la Croute, n°ᵒˢ 33, 34, 35; des maisons de la ferme de Bas, de la pièce le Haut-du-Grand-Fresne, n° 265, et d'une portion de la pièce le Petit-Fresne, n° 261, que celui-ci, *par compensation*, leur a fait à son tour l'abandon du pavillon et des bâtiments en dépendant.

Quel système de compensation! Nous avons démontré plus haut (n° XI)
que, du nombre des biens rétrocédés par M. Julien de La Pigacière à
MM. de Pierrepont et à Mme David du Mutel, celle-ci avait obtenu la
pièce la Petite-Platière, et la portion du Petit-Fresne, n° 261 du plan
cadastral, équivalant au moins au tiers de la valeur de tous les immeubles
acquis en commun; cela n'aurait pas suffi. M. de Pierrepont aurait encore
cédé, en échange de la pièce la Croute, des maisons de la ferme de Bas, du
Haut-du-Grand-Fresne, n° 265, et d'une portion de la pièce le Petit-Fresne,
261, les maisons du Pavillon, etc. — Mais ce raisonnement, qu'on nous
passe cette expression, conduit à l'absurde. Quelle aurait donc été la part des
deux frères de Pierrepont, dans les fonds et bâtiments cédés par M. de La
Pigacière? Ils n'auraient eu que le Pavillon, les remises, le pressoir, etc.,
estimés par les experts de l'an VI à 2,720 fr., et la dame David du
Mutel aurait obtenu tous les autres objets, estimés à 13,820 fr.

C'est à n'y pas croire!

Nous avons prouvé précédemment que la part de Mme David du Mutel
n'était formée que de la pièce la Platière et d'une portion du Petit-Fresne,
nous n'y reviendrons pas.

XVI. Mais, dites-vous, *par le titre recognitif qu'a formé M. Elzéar du
Mutel, tant pour lui que se portant fort pour M. Charles, son frère, par l'acte
du 6 juin 1838, de la rente due à M. de La Pigacière, en vertu de la vente
du 4 pluviôse an XII, IL A ÉTÉ ENCORE RECONNU QUE LE PAVILLON, LE CÔTÉ
GAUCHE DE LA GRANDE AVENUE, EN UN MOT TOUT CE QUI EST DÉSIGNÉ DANS
LEDIT ACTE DE L'AN XII, ÉTAIT ENCORE INDIVIS, ET QUE LE DROIT DE
M. CHARLES CONSISTAIT DANS UN SIXIÈME, CE QUI ÉTAIT EXACT.*

Nous avons rapporté textuellement les termes de l'écrit de M. Albéric
David du Mutel; nous allons maintenant copier les termes de la partie
de l'acte citée par lui, et on pourra apprécier la fidélité de la citation :

« Lequel (mandataire), conformément à cette procuration, passe titre
» nouvel d'une rente de 197 fr. 53 c., créée au profit de mondit feu
» sieur de La Pigacière, par .... *pour cause de vente de divers immeubles,*

» situés en ladite commune de Grenneville, arrondissement de Valognes, le
» tout résultant d'un acte sous signatures privées portant la date du 4 pluviôse
» an XII ......

   » M. Etienne, en sadite qualité, fait observer de son côté que ladite
» procuration en vertu de laquelle il agit, *porte* QUE LES BIENS, *objet de*
» *la vente susénoncée,* SONT ENCORE DANS LES MAINS DE MM. DU MUTEL, *et*
» *que ceux-ci sont passibles de ladite rente, M. Charles-Armand David du*
» *Mutel* POUR UN SIXIÈME, DU CHEF DE LA FEUE DAME DU MUTEL, SA MÈRE,
» *et M. du Mutel, mandant de M. Etienne,* POUR LES CINQ AUTRES SIXIÈMES,
» savoir :

   » UN SIXIÈME *au droit de ladite dame sa* MÈRE, ET LES QUATRE DERNIERS
» SIXIÈMES *comme légataire, ainsi qu'on l'a dit plus haut, de M.* CHARLES-
» MICHEL-FLORENTIN DE PIERREPONT, son oncle, aux termes de son
» testament, reçu par ledit Me Sanson, notaire à Valognes, le 24 août
» 1832. »

L'auteur de l'écrit a plusieurs fois fait appel à l'impartialité des gens
de bonne foi ; à notre tour nous demanderons à tout homme de bonne foi
s'il résulte des termes textuels qu'on vient de lire *qu'il ait été* RECONNU
QUE LE PAVILLON, LE CÔTÉ GAUCHE DE LA GRANDE AVENUE, *en un mot tout*
ce qui est désigné dans ledit acte de l'an XII, ÉTAIT ENCORE INDIVIS *à l'époque*
de 1838 et que le DROIT *de M. Charles consistât dans un* SIXIÈME. — L'acte
porte que *la rente a pour cause la vente de divers immeubles situés à Gren-*
neville, résultant de l'acte du 4 pluviôse an XII, que les biens objet de
la vente susénoncée SONT ENCORE (à l'époque de 1838) DANS LES MAINS
DE MM. DU MUTEL, *que M. Charles du Mutel,* AU DROIT DE SA MÈRE, EST
PASSIBLE D'UN SIXIÈME DE LA RENTE. Et vous, travestissant ces expressions,
vous faites dire à l'acte que le PAVILLON, L'AVENUE DE LA MER, etc., SONT
ENCORE INDIVIS *entre les deux frères, que le droit de M. Charles à ces objets*
ÉTAIT D'UN SIXIÈME ! Et vous ajoutez : CE QUI ÉTAIT EXACT.

Eh bien ! voici ce qui est vrai ET EXACT. Les deux frères du Mutel pos-
sédaient, à la vérité, tous les biens, objet de la vente de l'an XII ; mais

l'acte de 1838 ne dit pas qu'ils fussent *encore indivis entre eux*. Nous avons vu, en effet, que Mme du Mutel, qui avait droit au tiers de ces objets, avait été appropriée des deux pièces LA PETITE-PLATIÈRE et LE PETIT-FRESNE, n°s 257 ET 261, et que MM. Prosper et Florentin de Pierrepont étaient propriétaires des autres biens faisant l'objet de cette vente de l'an XII; ce qui supposait l'existence d'un partage entre elle et ses deux frères.

Aussi, lorsque, le 20 septembre 1829, les deux frères du Mutel partagèrent la succession de leur mère, on ne comprit dans ce partage aucune des parcelles cédées, en l'an XII, par M. de La Pigacière, à l'exception des pièces LA PETITE-PLATIÈRE, EN HERBE, CONTENANT 9 VERGÉES (n° 257), ET LA PIÈCE LE PETIT-FRESNE, EN LABOUR, CONTENANT 10 VERGÉES (n° 261), lesquelles pièces furent attribuées au deuxième lot, échu à M. Charles-Armand David du Mutel. Si ces deux pièces ne provenaient pas, à Mme du Mutel, d'un partage fait avec ses deux frères, que M. Albéric veuille bien produire ou même indiquer le titre qui en a conféré la propriété à Mme du Mutel.

L'existence de ce partage est tellement certaine, qu'en l'année 1812-1813, le tuteur des trois enfants mineurs de Mme David du Mutel fut autorisé, par justice, à vendre une partie des immeubles dépendant des successions des dames Muldrac, situés à Brucheville, pour acquitter des dettes de ces successions, et cette vente eut lieu à l'audience des criées du tribunal, du 16 février 1813, en deux lots, l'un, composé d'une pièce nommée Lamadot, le second, d'une pièce nommée la Grevette; une vente semblable eut lieu le 6 mai 1817, du Clos-Corday, également situé à Brucheville, pour acquitter une dette de 7,000 francs, grevant la succession Muldrac de Flottemanville.

Si on exige la justification de ces aliénations, les actes seront délivrés et produits.

L'existence de ce partage est encore attestée par un autre acte de partage, au rapport de Me Langlois, notaire à Valognes, du 4 mars 1823, intervenu entre MM. du Mutel et leur sœur, Mlle Louise-Marie-Joséphine du Mutel, des biens de Marie-Louise de Pierrepont, leur mère..... Aux termes de cet acte de partage, Mlle du Mutel, en religion Sainte-Marie de Sales, fut appropriée des biens de Brucheville, et par acte du 17 octobre 1824, transcrit au bureau des hypothèques de Valognes, le 19 du même mois, elle les vendit à M. Charles Ferrand, de Fontenay, par le prix de 42,000 francs.

Ces biens composaient le premier lot.

Les deuxième et troisième lots échurent aux deux frères David du Mutel, entre lesquels ils sont restés indivis, jusqu'au partage du 20 septembre 1829 ; or, ces deux lots comprenaient : 1° le château des Biards en totalité, et des pièces de terre, situées à Saint-Marcouf-de-l'Ile ; et 2° les biens qui appartenaient alors, en toute propriété, aux trois enfants David du Mutel, dans la commune de Grenneville. Et ces biens, quels étaient-ils ?

Les pièces LA PLATIÈRE *(n° 257)* et LA PORTION DU PETIT-FRESNE *(n° 261)*, toutes deux abandonnées à Mme de Sevan par la république, en vertu de l'arrêté du 6 thermidor an VI, et rétrocédées, par M. Julien de La Pigacière, à MM. Prosper et Florentin de Pierrepont, et à Mme David du Mutel, leur sœur, par l'acte du 4 pluviôse an XII (23 janvier 1805).

Si Mme du Mutel, née de Pierrepont, n'eût pas été propriétaire de ces deux pièces, à l'exclusion des autres biens de Grenneville, qui avaient fait l'objet de l'acquisition commune du 4 pluviôse an XII, n'est-il pas évident que ces deux pièces, pas plus que les autres biens acquis de M. de La Pigacière, n'auraient été la propriété *exclusive* de Mme du Mutel ?

XVII. Cependant, notre adversaire, luttant contre l'évidence, prétend que, sous le nom DE CHATEAU DE GRENNEVILLE, *avec tous les bâtiments à divers usages en dépendant, ainsi que les cours, jardins et étangs*, on a compris LE PAVILLON *et ses dépendances, qui n'ont jamais appartenu à Mme du Mutel*, et qui appartenaient alors à M. Michel-Florentin de Pierrepont. Pour qu'il en fût ainsi, pour que les biens ou une partie des biens de M. de Pierrepont pussent être réputés compris dans ce partage, il faudrait au moins qu'ils y fussent clairement désignés, que l'acte ne pût pas être interprété dans un autre sens ; or, depuis l'an III, LE PAVILLON ET SES *dépendances* avaient toujours été considérés comme distincts du surplus des bâtiments, beaucoup plus considérables, qu'on désignait plus spécialement sous le nom DE MAISON DE GRENNEVILLE. C'est sous ce nom qu'ils sont désignés dans le partage de 1825, en vertu duquel MM. du Mutel en étaient devenus propriétaires, comme héritiers en partie de Mme Lecauf de Bannoville, au droit de leur mère ; seulement, ce dernier partage, plus explicatif, indique qu'il s'agit des bâtiments, A PARTIR DU PAVILLON JUSQU'AU PRESSOIR, et on leur donne pour abornements M. de Pierrepont, qui était en effet propriétaire DE CE PAVILLON et des *autres bâtiments situés à l'est* JUSQUES ET Y COMPRIS LE PRESSOIR. Pour croire que la désignation faite dans le partage de 1829 serait différente de celle du partage de 1825, en vertu duquel MM. du Mutel étaient devenus propriétaires de la maison de Grenneville, il faut nécessairement supposer, comme l'adversaire est réduit à le faire, que M. de Pierrepont aura cédé à ses deux neveux *la propriété* DU PAVILLON ET DE SES DÉPENDANCES; or cette cession n'a jamais existé. M. Albéric du Mutel est forcé, par la nécessité de sa cause, d'invoquer une donation verbale, un abandonnement tacite qui n'a aucune raison d'être.

Tout démontre, au contraire, qu'il n'est jamais entré dans sa pensée de céder ou de donner ce pavillon et les dépendances à Charles-Armand David du Mutel.

En effet, moins de deux ans après ce partage du 20 septembre 1829, M. Charles-Michel-Florentin de Pierrepont a vendu à M. Jean-Elzéar-Florentin David du Mutel *la moitié de tous ses biens situés dans les communes de Saint-Marcouf-de-l'Ile et de Crasville et Grenneville, lesquels biens consistent, savoir : Ceux situés à Saint-Marcouf-de-l'Ile,*

. . . .

Ceux situés à Grenneville, 1° ...... 2° *en une pièce de terre en herbe,* nommée L'AVENUE-DE-BAS, *contenant* 52 *ares* 40 *centiares* (311, section B);

3° En une pièce de terre en pré, nommée le *Pré-Marraine,* contenant 36 ares 50 centiares (n° 275) ;

4° En trois pièces, nommées, l'une la Pièce-Marraine, contenant 23 ares, et les deux autres les Jardins-Marraine, en labour et en herbe, contenant, l'une 85 ares et l'autre 42 ares (n°ˢ 276, 277, 278) ;

Ces quatre numéros grevés alors de l'usufruit de M. Lecauf de Bannoville;

...... 39° En une autre pièce de terre en labour, nommée le PETIT-FRESNE, contenant environ 1 hectare 23 ares.(n° **262**) ;

40° ...... 41° En une autre pièce de terre en labour, nommée le BAS-DU-GRAND-FRESNE, contenant environ 2 hectares 15 ares (n° 264) ;

42° En une autre pièce de terre en labour, nommée le HAUT-DU-GRAND-FRESNE (n° 265) ;

43° En une autre, même nom (n° 266) ;

...... 63° *En une maison de maître, composée* de plusieurs pièces, nommée le PAVILLON, avec *cours, remises, jardin potager (n°ˢ 36, 37, 38) ;*

64° En une pièce de terre, nommée la CROUTE, contenant environ 43 ares (n° 33) ;

65° En une autre pièce de même nom, contenant 28 ares (n° 34) ;

66° En une autre pièce de même nom, contenant 97 ares (n° 35) ;

67° En une autre pièce de terre, nommée l'Ancien-Etang, inculte, contenant environ 22 ares (n° 63) ;

68° *En une autre pièce de terre en avenue, nommée L'AVENUE, contenant environ 54 ares (n° 260) ;*

Ces six derniers numéros habités et exploités par M. de Pierrepont, vendeur.

Enfin M. de Pierrepont entend vendre et M. du Mutel acquérir *la moitié de tous les immeubles qui appartiennent à celui-là dans les trois communes ci-devant indiquées, quand même quelques objets se trouveraient omis dans la désignation qui précède.*

L'acquéreur est subrogé dans tous les droits et prétentions du vendeur, sauf l'usufruit réservé par ce dernier.

Par l'effet de ces dernières stipulations, M. E. du Mutel a été subrogé dans le droit qu'avait M. Charles-Michel-Florentin de Pierrepont à la communauté de la voie ou *avenue des Châtaigniers,* en vertu du partage du 3 frimaire an III, avenue qui était alors le seul moyen d'accès, à partir du chemin d'Aumeville à Quettehou, pour les pièces et la ferme du Lieu-Hébert, spécialement des n°⁵ 60, 61, 62, 63, 64 et 65, car il faut bien prendre garde que c'est M. Victor Lelaidier qui, pour l'avantage du fermier de la ferme du Lieu-Hébert, a fait ouvrir, il y a quelques années seulement, le chemin longeant la pièce la Croute, partant du n° 63 et aboutissant au chemin de grande communication de Saint-Côme à Quettehou. C'est ce que démontre le plan cadastral de la commune, dressé en l'année 1830.

L'acte renfermant cette vente est à la date du 16 septembre 1831 ; il a été reçu par le notaire de la famille, M° Sanson, et il a été transcrit le 1ᵉʳ octobre suivant.

Les termes de cet acte ne peuvent pas fournir matière à la plus légère interprétation, quelque adroite, quelque subtile qu'elle soit.

Au mois de septembre 1831, M. Charles-Michel-Florentin de Pierrepont a transmis à son neveu, M. Elzéar David du Mutel, la moitié de tous ses biens, et, au nombre des biens situés à Grenneville, il désigne de la manière la plus positive la partie orientale des bâtiments de Grenneville, connus sous le nom de LE PAVILLON ; il désigne L'AVENUE CONDUISANT A LA MER, *les Croutes,* jardins et autres objets qui font l'objet du procès.

XVIII. Mais, s'écrie M. Albéric David du Mutel, cet acte de vente n'était qu'un simulacre, une donation déguisée, M. du Mutel n'avait pas le moyen d'acquérir. M. Florentin de Pierrepont employa les trois obligations de 10,000 fr. chacune, souscrites par M. *du Mutel*, pour cause de cette vente, A ALLUMER SA PIPE, et cela séance tenante, à l'hôtel du Louvre, à Valognes !

A qui espère-t-on en imposer par ce conte trivial et puéril ?

Que M. Charles-Michel-Florentin de Pierrepont, voulant faire une donation déguisée à son neveu, ait détruit les effets de ce dernier, montant à 30,000 fr., QU'IL EN AIT ALLUMÉ SA PIPE, qu'est-ce que cela prouverait? Que l'oncle a voulu faire à son neveu un cadeau, une remise des 30,000 fr., c'est-à-dire lui donner, sous forme d'un acte de vente, la moitié de tous ses biens. Mais, si M. Florentin de Pierrepont a fait cette donation, en septembre 1831, à M. Elzéar David du Mutel, c'est qu'apparemment il n'avait pas donné tout ou partie des mêmes biens, deux ans auparavant, à son autre neveu, Charles. Ce serait, selon M. Albéric David du Mutel, une *donation verbale* qui aurait été faite à ce dernier.

Nous en demandons bien pardon à M. Albéric David du Mutel, mais nous ne connaissons pas de texte de loi qui autorise ces sortes de donations pour les immeubles; qui leur donne la préférence sur les actes revêtus de toutes les formalités et solennités prescrites par la loi pour leur conférer l'authenticité et faire foi à l'égard des tiers.

M. E. du Mutel, en vendant à M. Victor Lelaidier, lui a déclaré qu'il était propriétaire des biens situés à Grenneville, en sa double qualité d'acquéreur et de légataire universel de M. Charles-Michel-Florentin de Pierrepont, son oncle, aux termes de l'acte du 16 septembre 1831, et du testament public de ce même oncle, reçu par ledit Me Sanson, le 24 août 1832. Et il ose prétendre et faire écrire que ces actes authentiques devront rester sans effet, qu'on devra leur préférer UNE DONATION VERBALE dont l'existence n'est révélée par aucun indice, qui n'est inventée que pour colorer une cause désespérée!! Nous nous étonnons qu'un jurisconsulte habile ait pu prêter sa plume à une pareille énormité.

Tout, d'ailleurs, concourt pour prouver l'absurdité de la supposition *d'une donation verbale* de la part de M. Charles-Michel-Florentin de Pierrepont.

Par le testament du 24 août 1832, reçu en présence de quatre témoins, parmi lesquels figurent M. Le Cauf de Bannoville et feu M. Lecacheux, avocat du barreau de Valognes, qui avait été également témoin à l'acte du 16 septembre 1831, le même M. de Pierrepont institue E. David du Mutel, son neveu, son *légataire universel et seul héritier;* et, pour le cas où le légataire mourrait avant lui, il institue ses enfants en son lieu et place,

« A charge, par le légataire, de payer à M. Charles-Armand David du Mutel, *son autre neveu, demeurant avec lui*, 2,000 francs de rente viagère, qui deviendrait perpétuelle, s'il laissait des descendants. »

Il est bien évident que, par ces actes, M. de Pierrepont ne voulait donner à Charles, aucune partie de ses propriétés, mais seulement une rente viagère, éventuellement perpétuelle.

M. de Pierrepont est mort en 1833, et M. E. David du Mutel a passé, au bureau de Saint-Vaast-la-Hougue, la déclaration de sa succession et acquitté les droits dus au fisc.

Il a déclaré, comme provenant de cette succession, la moitié de tous les biens (l'autre moitié lui appartenant en propriété, en vertu de l'acte du 16 septembre 1831).

Et parmi ces biens, figurent encore LE PAVILLON, *les remises* (n°s 37 et 38), *la pièce la Croute*, en trois parties, et le jardin (n°s 33, 34, 35 et 36), LES DEUX PORTIONS DE L'AVENUE DE LA MER *(n°s 260 et 311)*.

Est-ce aussi un simulacre que ce testament public, que cette déclaration passée au bureau de l'enregistrement? N'est-ce pas, au contraire, la preuve certaine d'une prise de possession réelle, en vertu de titres authentiques et sérieux?

Et tout cela devrait s'effacer devant une prétendue *donation verbale !!*

Ce n'est pas tout. Ces mêmes objets ont été hypothéqués trois fois, aliénés une quatrième fois, au profit de M. Victor Lelaidier, et celui-ci pourrait être évincé de cette propriété, constatée par des titres solennels! Et comment? par l'effet *d'une donation verbale* antérieure!! On s'est étrangement abusé, si c'est sérieusement qu'on a écrit de pareilles hérésies ! Que n'a-t-on pas dit encore? Que si M. de Pierrepont a, postérieurement au partage de 1829, vendu la moitié de ses biens, *y compris le pavillon et l'avenue*, à M. E. David du Mutel, c'était pour empêcher que M. Charles ne compromît sa fortune par des actes surpris à son état d'aliénation.

— Et c'est pour éviter ce malheur, que M. de Pierrepont aurait donné à M. Elzéar....... Quoi ?.... *le pavillon , les bâtiments en dépendant et l'avenue de la mer ?* Mais s'il est vrai que M. Charles du Mutel eût pu être dupe de quelque surprise, le remède eût été bien inefficace , car il ne se serait appliqué qu'à une bien faible partie de sa fortune. Cela ne l'eût pas empêché d'aliéner l'autre partie des bâtiments composant LE CHATEAU DE GRENNEVILLE, proprement dit , et les nombreuses pièces de terre , dont M. Charles était approprié par le partage de 1829. Ce n'était guère la peine de faire une fraude *sous la forme d'un simulacre de vente.*

Aussi, n'est-ce que par une application très-fausse et un abus manifeste des termes de l'acte du 16 septembre. 1829 , qu'on cherche à y trouver la preuve de l'abandon , par M. Florentin de Pierrepont, de la partie DU PAVILLON, des bâtiments de Grenneville, et de L'AVENUE CONDUISANT A LA MER.

On doit entendre cet acte conformément aux droits qu'avaient les copartageants, en vertu des partages de l'an III , de l'an VI, de 1825. En le dégageant de toutes suppositions fausses, en se conformant aux titres, en les coordonnant ensemble, on arrive à cette interprétation , la seule vraie et loyale, que les lots de 1829, ne comprennent rien de plus, en ce qui est relatif aux bâtiments de Grenneville, que ce qui est écrit dans le partage de 1825 ; c'est-à-dire, qu'ils ne comprennent que toute la partie occidentale *depuis le Pavillon jusqu'au pressoir* exclusivement, et les expressions de l'acte ne disent pas autre chose.

La preuve qu'on n'a pas entendu comprendre dans ce partage LE PAVILLON ET L'AVENUE CONDUISANT A LA MER, c'est que l'on désigne , sous le § 2 du second lot, une pièce de terre en labour, nommée *la Grande-Pâture,* LA PIÉCE LA PIERRE-JUMELLE, Y TENANT, *en labour, jannière et futaie,* (46, 47 et 48), *ainsi que la moitié de l'avenue, le côté gauche* EN SORTANT DE LA COUR DU CHATEAU, c'est-à-dire *le côté gauche de* L'AVENUE DES CHATAIGNIERS qui se trouve à la sortie de la cour du château.

Pourquoi *le côté gauche ?* Parce qu'en vertu des partages de l'an III, le lot échu à la république comprenait les arbres plantés *au côté droit*, le long de la pièce LA CROUTE, et qu'aux termes de ces mêmes partages, L'AVENUE DES CHATAIGNIERS devait rester commune pour l'accès des pièces de terre et ferme qui sont de ce côté.

Il semble évident qu'en plaçant dans le même paragraphe *les n°s 46*, *47 et 48 et* LA MOITIÉ DE L'AVENUE EN SORTANT DE LA COUR DU CHATEAU, le rédacteur a eu en vue des objets contigus, et notamment L'AVENUE qui sert à les accéder, qui est comme l'accessoire des pièces de terre longeant la seule voie par laquelle elles s'exploitent, et qui *sort immédiatement de la cour du château;* il n'aura pas voulu réunir dans le même paragraphe, aux pièces *la Grande-Pâture et la Pierre-Jumelle,* UNE MOITIÉ D'AVENUE située à une grande distance de ces pièces de terre.

Rien n'est plus simple, rien n'est plus naturel, c'est même une conséquence forcée de la situation des lieux, car, si on admettait une autre interprétation, il en résulterait que L'AVENUE DES CHATAIGNIERS aurait été omise dans les partages, quoiqu'elle fût commune aux enfants David du Mutel, et qu'on y aurait compris LA GRANDE AVENUE, dont les deux côtés appartenaient à M. Florentin de Pierrepont, comme cela résulte des lots de l'an III et de 1825.

Au reste, nous produisons un document qui confirme notre interprétation et en démontre la vérité.

En l'année 1812, sur la demande de la dame Faynot, enfant du deuxième lit de M. de Pierrepont, le tribunal de Valognes nomma des experts pour composer des lots des biens dépendant des successions des dames Muldrac de Pierrepont et Muldrac de Flottemanville, afin de connaître le lot qui écherrait à M. Charles-Louis de Pierrepont, pour être ensuite, ce lot, divisé entre les frères et sœurs germains et consanguins.

Ces experts formèrent trois lots, et le premier, composé en totalité de biens situés en la commune de Brucheville, échut à Charles-Louis de Pierrepont, absent ou décédé.

Les deuxième et troisième lots, composés des biens de Grenneville, distraction faite de ceux cédés à Mme de Sevau en l'an VI, et rétrocédés par M. de La Pigacière en l'an XII, échurent à MM. Charles-Michel-Florentin et Prosper-Auguste-Philippe de Pierrepont.

Au nombre des immeubles composant le deuxième lot se trouvent :

...... 15° *Le bas du Petit-Fresne*, du contien de 1 hectare 40 ares (n° 262), borné au nord *par le bas du Grand-Fresne*, à l'est par *le pré des Osiers (263) et le petit pâtis de l'avenue (309)*, au sud par *M. Prosper de Pierrepont (n^{cs} 260 et 311, côté gauche de l'avenue conduisant à la mer)*, à l'ouest, PAR LES MM. DAVID DU MUTEL *(n° 261, portion du Petit-Fresne, contenant 2 hectares, abandonnée à Mme de Sevan par la république, et à MM. de Pierrepont et dame du Mutel, par M. de La Pigacière).*

...... 18° LE PATIS DE L'AVENUE, *en labour*, contenant 60 ares ou environ (n° 309), borné au nord par *le pâtis ci-dessus*, à l'est par *la Dune*, au sud par M. PROSPER DE PIERREPONT (n° **311**), à l'ouest *par le bas du Petit-Fresne.*

Cette composition de lots fournit une nouvelle preuve que, dès avant 1812, il y avait eu un partage entre MM. Florentin et Prosper de Pierrepont et leur sœur, Mme du Mutel, des biens dont Mme de Sevan avait obtenu la distraction ; que *le Petit-Fresne (n° 261)* était échu à Mme du Mutel, et *le* CÔTÉ GAUCHE DE LA GRANDE AVENUE CONDUISANT A LA MER à M. de Pierrepont.

Ce côté gauche ne pouvait donc pas, en 1829, faire l'objet du partage de la succession de Mme du Mutel, décédée en janvier 1807.

XIX. N'êtes-vous pas encore convaincu de votre erreur ? Voici un autre document que nous avons trouvé au greffe du tribunal de Valognes, c'est un rapport d'experts nommés par le tribunal, sur la demande de la même dame Faynot, réclamant ses droits dans les successions de ses frères et sœurs germains et consanguins.

Ce rapport est en date des 27 avril 1812 et 20 mars 1814. Or, voici ce qu'il porte, en ce qui concerne les biens ayant appartenu à Mme Florentine de Pierrepont, dont le mari, M. de Bannoville, était donataire, en usufruit seulement, des biens attribués à MM. du Mutel frères par le partage de 1825. On y verra la distinction à faire entre *les deux avenues*, et l'explication des termes *la partie gauche de l'avenue en sortant de la cour du château*, employés dans le partage de 1829 :

« Examen fait de LA MAISON DE GRENNEVILLE, *à partir* DU PAVILLON
» *jusqu'au* PRESSOIR où ledit Bannoville a le droit de pressurer les pommes
» croissant sur les terres ci-après, et la cour en droite ligne, *mais à charge*
» *de souffrir le droit à l'eau du bassin de ladite cour* (1) AUX PROPRIÉTAIRES
» DUDIT PAVILLON, *estimation également faite, etc.*

« Visite faite de L'AVENUE DUDIT CHATEAU, ALLANT A LA MER, *contenant*
» *environ* 60 *ares* (3 *vergées*), c'est-à-dire LE CÔTÉ DROIT DE L'AVENUE
» ALLANT A LA MER (moitié des n°s 260 et 311), que nous estimons à un
» revenu........ »

Ce côté droit a été attribué, comme on l'a vu plus haut, à M. Florentin de Pierrepont, par le partage de 1825.

« Visite faite *du bois* DE L'AVENUE DES CHATAIGNIERS, LE CÔTÉ GAUCHE
» AU SORTIR DE LA COUR *qui est en contestation* (cour de la maison de Gren-
» *neville*), que nous estimons......

On sait que le côté droit, longeant *la Croute*, appartenait à M. Florentin de Pierrepont, en vertu des partages de l'an III, qui déclarent *cette avenue commune.*

Ce rapport d'experts explique le sens de ces expressions : LE CÔTÉ GAUCHE, EN SORTANT DE LA COUR DE LA MAISON DE GRENNEVILLE. C'est bien *le côté gauche* de L'AVENUE DES CHATAIGNIERS qui était entré dans la formation du lot de Mme Lecauf de Bannoville, *avec les maisons de Grenneville, à partir du pavillon jusqu'au pressoir*, maisons et bâtiments abandonnés à MM. du Mutel frères, par le partage de 1825, et à M. Charles David du Mutel, par le partage du 16 septembre 1829 ; ce qui prouve qu'il n'avait été apporté aucune modification aux lots de l'an III. LE CÔTÉ *droit de l'a-*

(1) Droits établis par les lots du 3 frimaire an III.

venue *allant à la mer, les bâtiments de Grenneville,* DEPUIS LE PAVILLON JUS-
QU'AU PRESSOIR, LE CÔTÉ GAUCHE DE L'AVENUE *des châtaigniers,* appartenaient à Mme Lecauf de Bannoville, et ces biens sont seulement ceux qui
ont fait l'objet des partages de 1825 et de 1829. Ainsi entendus, les lots
du 16 septembre 1829 se concilient parfaitement avec tous les actes qui
ont transmis les propriétés à MM. de Pierrepont, à MM. David du Mutel
et à M. Victor Lelaidier.

Si, maintenant, nous nous en tenons au sens littéral des termes du
partage du 20 septembre 1829, il sera aisé de reconnaître que ces expressions : LE CÔTÉ GAUCHE, *en sortant de la cour du château,* ne peuvent
pas s'appliquer A LA GRANDE AVENUE DE LA MER, car cette grande avenue
n'est pas placée à *la sortie de la cour du château.* L'entrée de cette avenue
est à cent mètres de la cour, et elle est séparée de cette cour par le chemin
vicinal de grande communication de Saint-Côme à Quettehou. En voyant
le plan des lieux, il est impossible de penser que les mots : *la moitié de
l'avenue, le côté gauche, en sortant de la cour,* s'appliquent à l'avenue de
la mer, *du côté de l'est, tandis* qu'ils s'appliquent naturellement à L'AVENUE
DES CHATAIGNIERS, *située à l'ouest,* laquelle se trouve immédiatement *à la
sortie de la cour.*

Mais si, par suite de la donation verbale de M. Florentin de Pierrepont,
c'eût été le côté gauche de l'avenue de la mer qui eût été compris dans
les lots de 1829, pourquoi donc n'y eût-on pas aussi compris le côté
droit? Car c'est un mode de partage peu avantageux que de diviser cette
avenue sur la longueur, et puisque M. Florentin de Pierrepont voulait
bien abandonner le côté gauche à son neveu, qu'il aimait comme son
enfant, qui devait être son héritier, pourquoi ne lui donnait-il pas aussi
le côté droit?

L'objection a paru sérieuse à M. Albéric David du Mutel, et il a essayé
d'y faire une réponse.

C'est parce que, dit-il, M. Charles David du Mutel avait, dans son
lot, la pièce *le Petit-Fresne,* désignée au plan cadastral sous le n° 261,
contiguë au côté gauche de l'avenue! Nous avouons que nous ne comprenons

pas cette explication. Puisque M. Charles David du Mutel était propriétaire d'une grande pièce longeant l'avenue, il était tout simple de lui donner la totalité de l'avenue. Pourquoi faire réserve du côté droit? Quel usage pouvait en faire M. de Pierrepont?

Oh! mais, réplique l'adversaire, c'est parce que le côté droit de cette avenue était une co-propriété indivise entre les enfants du Mutel et leurs oncles, MM. Florentin et Prosper de Pierrepont, en vertu de l'acquisition du 4 pluviôse an XII, et que, dans la prévision d'arrangements de famille, la totalité de l'avenue devait, un jour, appartenir à M. Charles du Mutel.

Autant de mots, autant d'erreurs. *Le côté droit de l'avenue conduisant à la mer* n'appartenait ni à MM. de Pierrepont, ni à Mme du Mutel, ni à ses enfants, en vertu de la cession du 4 pluviôse an XII; par la raison toute simple que ce côté droit n'avait jamais appartenu ni à la république, ni à Mme de Sevan, ni à M. de La Pigacière, et qu'ils ne l'ont ni transmis ni pu transmettre à MM. de Pierrepont et à Mme David du Mutel.

On n'a pas, en effet, oublié que le lot échu à la république par le partage du 3 frimaire an III, comprenait *le côté gauche de l'avenue*, cédé, en l'an VI, à Mme de Sevan, en paiement de sa créance sur les demoiselles Muldrac; que *le côté droit* fut attribué aux trois sœurs de Pierrepont, puis à Mme Lecauf de Bannoville, et, enfin, à M. Florentin de Pierrepont, par le partage du 13 mai 1825.

Il eût été donc loisible à ce dernier d'abandonner à son neveu le côté droit comme le gauche, si, en effet, il s'était agi de cette avenue dans les partages de 1829. C'est donc par inadvertance que M. Albéric David du Mutel a fait écrire que le côté droit était indivis entre MM. de Pierrepont et les enfants du Mutel, par l'effet de la vente du 4 pluviôse an XII.

Pour éviter toute équivoque, dissiper toute espèce de doute, il faut en revenir à la vérité, et reconnaître que *le côté gauche de l'avenue*, EN SORTANT DE LA COUR DU CHATEAU, s'entend DU CÔTÉ GAUCHE DE L'AVENUE DES CHATAIGNIERS, qui avait été attribué aux trois sœurs de Pierrepont en l'an III, puis, à Mme Lecauf de Bannoville, puis, enfin, à MM. David du Mutel. Par-là, tout s'explique, tout doute disparaît, les enfants David du Mutel n'ont partagé que les biens qui leur appartenaient réellement, savoir :

1° Les pièces LE PETIT-FRESNE ET LA PETITE-PLATIÈRE, en vertu des lots du 4 mars 1823, devant M⁰ Langlois, notaire. à Valognes; 2° les biens dépendant de la succession de M. de Pierrepont père, en vertu des partages des 13, 14 et 15 fructidor an III; 3° ceux dépendant des successions de leurs oncles et tantes, en vertu d'un partage, du 20 mars 1822, enregistré au bureau de Saint-Vaast, le 13 mai 1828, et d'un autre partage, du 10 février 1825; 4° et ceux dépendant de la succession de Mᵐᵉ de Bannoville, autre tante, en vertu du partage du 13 mai 1825.

Ces divers partages, que M. Victor Lelaidier est parvenu, après beaucoup de recherches, à se procurer, prouveront au tribunal, sinon à notre contradicteur, qu'il n'a pas atteint son but, qu'il ne parviendra pas à remettre en question des actes, des partages, des ventes, des arrangements de famille, consacrés par le temps et une longue possession; qu'il ne parviendra pas à faire considérer comme indivises des successions partagées depuis longues années. Il ne l'ignorait pas, ou du moins, M. David du Mutel père ne l'ignorait pas; il s'était seulement bercé de l'espoir que l'on ne pourrait parvenir à débrouiller le chaos dans lequel s'est abîmée la fortune des Pierrepont ; qu'il pourrait ainsi dépouiller un créancier malheureux, un acquéreur légitime, au risque de faire encourir à son père la peine du stellionat.

XX. Nous avons une dernière objection à réfuter. A l'appui de l'interprétation très-fausse qu'il a faite du partage du 16 septembre 1829, M. Albéric David du Mutel invoque la possession.

Selon lui, M. Charles David du Mutel aurait eu la possession du PAVILLON, à partir de 1829, parce qu'il était logé et nourri chez son oncle, M. Michel-Florentin de Pierrepont, qui a habité ce pavillon jusqu'en 1833, date de son décès! Il aurait eu la possession de ce pavillon, parce que, atteint d'aliénation en 1830, il aurait continué de l'habiter, il y aurait reçu des soins; parce que, depuis 1849, époque où M. Victor Lelaidier est devenu propriétaire de ce pavillon, il y serait resté jusqu'à sa mort, sans avoir recouvré la raison! alors que M. Albéric David du Mutel lui-même a reconnu que c'est par pitié pour le malheur, par égard pour son père, que M. Victor Lelaidier a consenti a lui laisser la jouissance viagère de ce pavillon et des autres objets, *pendant sa vie*, à charge seulement des réparations d'entretien.

Voilà ce que M. Albéric David du Mutel appelle une possession acquisitive, comme si le locataire, l'usufruitier, pouvaient prescrire contre le propriétaire; comme si la possession du pavillon n'eût pas été essentiellement précaire ; comme s'il n'eût pas stipulé lui-même qu'elle cesserait à la mort de son oncle.... Nous n'en dirons pas davantage sur ce point... On comprendra la réserve que nous devons nous imposer en présence d'une situation pénible.

XXI. Les observations qui précèdent nous dispensent d'insister longuement sur les autres moyens qui ont été précédemment opposés aux prétentions de M. Albéric David du Mutel; il suffit d'y persister.

Nous ferons seulement remarquer qu'un créancier, auquel un contrat de vente a été notifié, qui a été appelé à prendre part à la distribution du prix, qui s'y est présenté et a même élevé des contredits, ne peut pas être admis à évincer l'acquéreur, alors, surtout, qu'il a transigé avec lui et reconnu la validité du titre qui l'a fait propriétaire.

M. Victor Lelaidier prendra, à l'appel de la cause, les conclusions précédemment signifiées.

Valognes, 16 Mars 1860.

V^{or} LELAIDIER.

P. CLÉMENT, Avocat.

A. CAMPAIN, Avoué.

Valognes, imp. v^e Carette-Bondessein, libraire, au bas de la place du Château.